文春文庫

おひとりさまの老後

上野千鶴子

文藝春秋

おひとりさまの老後

CONTENTS

はじめに　10

第1章　ようこそ、シングルライフへ

なあーんだ、みんな最後はひとりじゃないの　14
ひとり世帯が増えている　20
ひとが、ひとりになるまでのプロセス　28
「ふたり」が「ひとり」になるとき　32
カップルアゲインの可能性は？　41
「ひとりでおさみしいでしょう」は大きなお世話　44

第2章　どこでどう暮らすか

最低条件は、自分だけの住まい　48
女の持ち家率は高い　53
非婚おひとりさまの場合は？　58
おひとりさまの住宅事情　61

コレクティブハウスという選択　66
都会に住むか、地方で暮らすか？　76
個室は介護の基本　84
安全な暮らしをどう確保するか　92

第3章　だれと　どうつきあうか

ひとりで、ふたりで、みんなと　104
大切な友人のネットワーク　107
ハイテクが支えるコミュニケーション　112
いっしょにごはんを食べる相手はいる？　120
孤独とのつきあい方　125
忘れられていくということ　128
孤独をまぎらすか？　向き合うか？　133
さみしいときはさみしいと言える　138

第4章　おカネはどうするか

老後はやっぱりカネ、か？　144
ひとり暮らしにいくらかかるか　148
不時の出費をどうするか　151
年金はいくらもらえるか　154
ゆとりをどう捻出するか　159
老後にもキャッシュフローを　161
ストックをフロー化するには　164
個人年金を準備しよう　171

第5章　どんな介護を受けるか

介護されることを受けいれる勇気　180
介護される側にもノウハウがいる　189
介護される側の心得10カ条　200

第6章　どんなふうに「終わる」か

だれになにを遺すか　218
遺言をどう書くか　220
おカネのほかになにを遺すか　230
遺すと困るものもある　236
どんな死に方をするか　240
孤独死は怖いか　245
孤独死でなにが悪い　248
どんなふうに弔われたいか　252
お墓はどうするか　257
おひとりさまの死に方5カ条　263

あとがき　266
文庫版あとがき　269
解説　角田光代　277

編集協力●（株）あどらいぶ企画室

おひとりさまの老後

はじめに

長生きすればするほど、みんな最後はひとりになる。

結婚したひとも、結婚しなかったひとも、最後はひとりになる。

女のひとは、そう覚悟しておいたほうがよい。

少子高齢社会のいま、女性にとって〝家族する〟期間は短縮している。配偶者がいても、平均寿命からすればほとんどの場合、夫のほうが先に逝く。子どもは、せいぜいひとりかふたり。彼らもいつかは家を出ていく。

だとすれば、女性の生き方も〝家族する〟のにふさわしいノウハウを身につけるばかりでなく、〝ひとりで暮らす〟ためのノウハウを準備しておいてもよいのではないか。だれでもいずれはひとりになるなら、早めにスタートするか、遅めにスタートするかだけのちがいだ。

そこで、シングルのキャリアであるわたし（たち）の出番だ。ひとり暮らしのノウハウならまかせてほしい。そして、ひとりになったあなたといっしょに「おひとりさまの老後」を楽しもう、というのが本書のねらいだ。そのために、ひとり暮らし歴の長い大先輩にもノウハウを聞いた。

大先輩から話を聞いてわかるのは、老後のひとり暮らしは怖くない、そのための智恵と工夫がいっぱい蓄積されているということ。「ひとりはさみしい」とか、「だれが老後のめんどうをみるの?」とか、ネガティブなメッセージは聞きあきた。

ただし、「おひとりさまの老後」にはスキルとインフラが必要だ。いかに暮らすかについてのソフトとハードといいかえてもよい。ハードについては、おカネや家などさまざまな参考書が出ている。それも大事だが、ハードばかりが整備されてもじゅうぶんではない。わたしは、ひとりで生きる智恵というソフトの面を重視したいと思う。

本書は、「おひとりさまの老後」をすでにはじめているあなた、これからはじめようというあなたに送るエールだ。なぜって、わたし自身が、すでにはじめている大先輩たちからたくさんのエールをもらったのだから。


ようこそ、シングルライフへ。

第1章　ようこそ、シングルライフへ

なあーんだ、みんな最後はひとりじゃないの

結婚してもしなくても、みんな最後はひとりになる。

事実、65歳以上の高齢者で配偶者がいない女性の割合は、51・3%と半分以上。うち、死別が43・9%、離別が3・9%、非婚が3・5%。これが男性だと配偶者がいないのは16・2%と少数派。

80歳以上になると、女性の約80%に配偶者がいない。

酒井順子さんのベストセラー『負け犬の遠吠え』(講談社、2003年)にちなんでいえば、わたしは〝負け犬〟の先輩である。おっと失礼、世の中には、もっと〝負け犬〟の大先輩、市川房枝さんや土井たか子さんのような方もいらっしゃる。彼女たちの世代の生涯非婚率は2%未満。猫も杓子《しやくし》も結婚する時代だったから、〝負け犬〟は希少価値だった。

だがその後、結婚しない女性の数は増えつづけた。わたしの世代ではまだ少数派だったが、酒井さんたちの世代になると、〝結婚しない女〟はもはやめずらしくない。結婚することも、しないことも、女の人生の選択肢のひとつになった。晩婚化

の時代には、「適齢期、みんなで越えれば怖くない」というダジャレがはやったが、〝負け犬〟も数が増えればめずらしくなくなる。

おひとりさまは女ばかり

２０１０年の平均寿命は、女性が86・4歳、男性が79・6歳、世界の最長寿国である。平均寿命とはゼロ歳のときの平均余命のことだから、たとえば50歳まで生きのびた実績（つまり、それまでに亡くなったひとがたくさんいるわけだから）をもつひとの50歳時の平均余命はもっと長くなる。「55歳まで生きたから、あと30年ね」とはならないのが、平均寿命というものだ。

長生きすればするほど、女の割合は増える。ゼロ歳のときの出生性比は先進国で女性対男性が約１００対１０５だということがわかっているが、２００７年の日本では高齢者になると、65〜69歳で52対48、75〜79歳で57対43と女性がどんどん増える。85歳以上では73対27、女性５人に男性２人の割合だ。

その結果、ほとんどの高齢者施設では、入居者が圧倒的に女性ばかりということになる。「**21世紀はおばあさんの世紀**」といわれるゆえんだ。

おかえりなさい、シングルアゲインの女たち

離婚や死別でふたたびシングルになることを「シングルアゲイン」というが、「ずーっとシングル」も「シングルアゲイン」も、なってしまえば結果は同じ。

40代後半くらいから、配偶者と離別したり死別したりしてシングルに戻るひとたちが増える。家族のいるひとと、いないひとのライフスタイルはかなりちがうから、一時は「家族持ちって、夫や子どもの話題ばかりでついていけないわ」と思っていた〝ずーっとシングル組〟にとっては、「おかえりなさい、ようこそシングルライフへ」という再会のときである。

わたし自身も、「待ってました！」という気分になった。そして、なあーんだ、しばらく待てば、みんな同じじゃないのと思った。

彼女たちが〝家族している〟期間は、たいして長くない。子どもはひとりかふたりだし、進学や就職でいずれは家を出ていく。なかには延々とパラサイトしている子どももいるが、成人した子どもは下宿人のようなもの。ごはんのしたくをしてやるために、そわそわと家に帰る〝3時のあなた〟をやらなくてもよい。長いあいだ主婦の門限は、夕食のしたくをする時刻だったが、もう大手をふって夜遊びしても、

だれからもなにも言われない。

これを昔のひとは、「後家楽《ごけらく》」とよんだ。うるさい夫を見送って、後家になりさえすれば、わが世の春。息子をマザコンに仕立てたうえで、一家の隠然たる権力を握り（これを「皇太后権力」とよぶ）、今日は温泉、明日は芝居と遊びあるくのが、日本の女の〝上がり〟だったのだ。

だが、超高齢社会で亭主がなかなか先に逝ってくれないと、自分が元気なうちに「後家楽」はやってこない。熟年離婚が増えたのは、「もう待てない！」という女たちが、はやばやと夫に最後通牒《つうちょう》をつきつけたからではないか、とわたしはにらんでいる。なかには夫がいてもうまく仕込んで、公認の夜遊びや旅行を謳歌しているひともいる。

実際、40代半ばを過ぎたあたりから、結婚した友人たちを夜遊びに誘っても、お泊まり付きの旅行に誘っても、ほいほい出てくるようになった。いまどき、「亭主の晩メシはどうしてるの？」なんてヤボなことは互いに聞かない。

「後家楽」を楽しむための条件

シングルは強い。なにがって、自分の時間（と、できれば自分のおカネ）を、自分自身のために使えるってことがすごい。

「後家楽」を楽しむための条件は、健康と時間、それに自由になるおカネと、もうひとつ、自分のための空間だ。おカネのほうは、自分の収入がなかった女性でも、夫の遺族年金が入ってくる。2007年度から、年金権の離婚時分割が可能になったが、熟年離婚は思ったほど増えなかった。亭主を看取りさえすれば年金の四分の三が入ってくるからだ。

主婦の時間は待機時間だ、といわれてきた。3DKの家事労働にたいした時間はかからないかもしれないが、学校から帰って塾に行くまでの娘の小腹を満たしてやり、クラブ活動からおなかをすかして帰る息子の食事を用意し、残業で遅く帰る夫の夕食をいつでも温めさえすればよいように準備する。たまには突然の雨降りに傘のない夫を駅までクルマで迎えにいく。

こうして、自分以外の家族のためにカラダを空けて待機することに、妻はどれだけの時間を使ってきたことだろうか。たまの休みに夫が出張に出かけ、息子がサッカーの試合で遠征し、娘が模試でいない……降ってわいたそんな一日に「さあ、今日はまるまるわたしの時間だ!」と、どんなにのびのびと解放感を味わったか思い出してみてほしい。シングルになると、この時間がずーっと続くのだ。

女50代、やりたいことはまだまだある

友人の恵利子さん（以下ファーストネームのみの場合は仮名）は、夫婦仲がよいことで知られていた。ところが、50代の半ばで思いがけず早めに夫を亡くして以来、どんなに落ちこんでいるだろうという周囲の心配を吹き飛ばして、彼女の生活はフル稼働状態になった。

「彼はわたしに、いまの時間をくれたのよねえ」

というのが、彼女の述懐だ。女の50代は元気いっぱい。やりたいことはまだまだある。

夫の生前、旅行好きのふたりは長期の休みがあると連れだって海外に出かけていたが、そうなると女同士のつきあいはかえってやりにくい。いま彼女は、友人たちとそのときどきでメンバーをとっかえひっかえ、海外旅行や温泉ツアーを楽しんでいる。自分の家も、さまざまな活動の場として提供するようになった。ある選挙で女性候補を応援したときには、彼女の自宅がそのまま選挙本部のようになった。わたしにしてからが、彼女がシングルアゲインになって以来、気がねなくお泊まりに行けるようになった。夫がいたら、遠慮があってできなかったことである。

仲がよければ夫婦の旅行も楽しいが、そうでなければ、ふたりきりの旅は〝拷問〟になる。旅先でも、気をつかうのはもっぱら妻のほうだからだ。アメリカの統計では、長い休暇の直後に離婚が激増することが知られているが、夫婦がふたりきりになることは善し悪し。それを知っているのか、知り合いの佳枝さんカップルは、いつも海外旅行では団体ツアーに参加する。夫のほうはツアーに参加する若い女の子がお目当てだが、妻のほうはホントは夫がひとりで行ってくれればよいと思っている。これで「女房孝行してる」と思われてはかなわない。

だれの顔色もみなくてすむ、だれかのためにカラダを空けて待機しなくてすむ、自分だけの時間。そんな時間が地獄になるか、極楽になるかは、その時間をつぶすノウハウがあるかどうかにかかっている。

ひとり世帯が増えている

ずーっとシングルとシングルアゲインとの大きなちがいは子どものあるなし。〝負け犬〟の条件には、「夫がいない」のほかに、もうひとつ「子どもがいない」がある。かつては〝勝ち犬〟だったひとも、いずれ歳をとれば配偶者を失ってひとりになるが、子どもは残る。こればっかりは〝負け犬〟には勝ち目がない。とはいえ、いまの世の中、子どもは老後の頼りになるだろうか？

高齢化をめぐる変化でいちじるしいものに、子どもとの同居率の低下がある。65歳以上の高齢者の子どもとの同居率は、１９８０年には約70%だったのが、どんどん減少して、２００８年には44%。代わりに増えたのが、高齢者の夫婦だけの世帯と単身世帯だ。

いまどきの高齢者の平均的な暮らし方は以下のとおり。まず、夫婦がそろっているうちは、夫婦ふたりで暮らす。片方が要介護になれば、夫婦のあいだで老老介護をする。そして、どちらか片方に先立たれたら、子ども世帯と中途同居をはじめる。80代で配偶者を看取った親なら、子どものほうも50代を超えており、たいがいは親元を離れて暮らしている。だから子どもとの同居を選べば、親のほうは住みなれた家や土地を離れて、子どもの住むところへ移住することになる。

この年齢では、子世代はまだ現役だから、仕事のある土地を離れるわけにはいかない。同居するのが息子夫婦なら、すでに子育てを終えた嫁は堂々たる一家の主婦だから、〝家風〟に従わなければならないのは、嫁ではなくあとから入った姑のほうだ。

なじみとつきあいを失い、見知らぬ土地に適応を強いられ、他人の家風に従い、場合によっては要介護の〝やっかい者〟として扱われる高齢者の暮らしが、幸せなはずがない。事実、高齢者の幸福度調査をみると、中途同居のひとは、最初から同居していた場合や、ひとり暮らしのひとよりも、幸福度が低いことがわかっている。

老後は子や孫に囲まれて暮らすのが幸せという老後観は、急速になくなりつつある。80代や90代の老後は、子が50代から60代、孫は30代にもなろうかという年齢だ。80年代に「孫を膝に抱くのが老後の幸せ」という老後観を語った当時の中曽根康弘首相に、「30代の孫を膝に乗せたら大腿骨が折れる」のが超高齢社会と返してみせたのが、高齢社会をよくする女性の会の代表、樋口恵子さんだ。

姥捨て別居、しぶしぶ同居、さてあなたは?

幸福度調査の結果から学んだわけではないだろうが、夫婦世帯で暮らしていた高齢者が、どちらかいっぽうに先立たれたあともひとり暮らしを続けるケースが増えている。それが高齢者単身世帯率の増加となってあらわれている。

高齢者世帯のうち夫婦世帯の割合は、1980年に19・6%だったのが、2008年には36・7%。ひとり世帯の割合も、1980年に8・5%だったのが、20

08年には15・3％と、同じように増えている。子どもとの同居率が減ったぶんだけ、夫婦世帯と単身世帯が増えた勘定だ。

高齢者同居率には、実は経済格差がある。上層・中層・下層と経済階層別に高齢者同居率のデータをくらべてみると、上層と下層で低く、中層で高い。つまり経済階層と同居率は相関していないのだ。ということは、家が広いとか狭いとかは、同居を決める理由にはならない、ということをも意味する。これをどう解釈するか。

下層では、同居したくても子どものほうにその余裕がない〝姥捨て別居〟、上層では同居できるだけのゆとりはあるが、あえて別居を選ぶ〝選択別居〟。これに対して中層では、親を見捨てるにはしのびないが、二世帯を維持するだけのゆとりまではない〝しぶしぶ同居〟と解釈することができるだろう。もし二世帯を維持するだけの経済力があれば、親のほうでもすすんで別居を選ぶだろうことは、皇室をみてもわかる。同居はどちらの側からみても、〝すすんで〟する選択とはいえないようだ。

「いっしょに暮らそう」という悪魔のささやき

「おかあさん、ひとりになって心細いでしょうし、火の始末とかも心配だから、こちらへ来ていっしょに住んだら?」という子どもからの誘いを、わたしは〝悪魔のささやき〟とよんでいる。

子どもは自分の生活がいちばん大事で、そんなに親思いではない。ホンネは、「火事でも出されたら、わたしたちが迷惑だ」とか「要介護にでもなったら、通うわたしたちがたいへんだ」という自分の利害がもとになっている。不動産があるなら、「最後まで世話をすれば、親の財産をひとり占めできるかも」という打算があるかもしれないし、「年老いた親をひとりでほうっておくなんて」という世間の目が気になるだけかもしれない。そこまでいうのが酷ならば、「遠くにいて心配しているくらいなら、いっそ目の届くところにいてもらったほうが」という自分のつごうや、「ひとりで置いておいて、わたしは親不孝だろうか」という罪悪感からだったりする。

実際、調査によると、介護を引き受けるのは、〝できるのにそうしない自分〟に対する自責の念である場合もあることがわかっている。こういう介護を、わたしは「義理介護」や「意地介護」とよんでいるが、義理や意地はあくまで子世代のつごう。そんな子どものつごうにふりまわされてはかなわない。

子をもったことのないわたしにはよくわからないが、親になったひとたちには、子が長じてのちも子どもの愛を請うて、子の顔色をうかがう傾向があるようだ。

「おかあさん、わたしたちのところへ来ていっしょに住んだら」という子どもからの申し出を、究極の愛情表現とカンちがいしているひとたちは多い。子どもがいつそう言ってくれるかわからないから、それをあてにして住まいの改修に踏み切れないひとや、シニア住宅への申し込みをためらうひとがいる。これでは、いつ結婚相手が見つかるかもしれないから、いつまでたっても自分のライフプランを立てられない晩婚化街道ばく進中の若い女性を笑えない。

やっかいなのは、子どものほうでも、そう言ってあげることが究極の自己犠牲、親孝行のあかしとカンちがいしているらしいことである。それで、〝やろうと思えばできるのに、そう言ってあげられないわたし〟を責めつづけている娘や嫁を、わたしは何人も知っている。親の側も、子の側も、どちらも善良で誠実なひとたちである。だからこそ、「いっしょに住んだら」という誘いは、どちら側にとっても〝悪魔のささやき〟なのだ。

やさしい娘でいられる距離

かくいうわたしの父も、妻に先立たれてひとりになってから、ひそかにわたしと同居することを願っていたらしい。ということを父の死後、きょうだいたちから聞いて、わたしはぎょうてんしたことがある。

そういえば、パートナーとの同居を解消してひとり暮らしをはじめたわたしを、彼は歓迎していたふしがある。同居人がいるときには遠慮があったのに、わたしがひとりになると、ひとりでやってきては長期に滞在するようになった。

「おまえといっしょに住みたい」と自分から言いださなかったのは、彼のプライドだった。「おとうさん、いっしょに住んだら」とわたしの口から言ってほしかったのだ。わたしには直接言わなかった希望を、きょうだいたちには口にしていたらしい。

ほんとうに彼がそう口にしていたら、いったいどうなっただろうとときどき考える。わたしはきっぱり断っていただろう。自己チューで自分の流儀をくずさない父親がわたしの生活空間のなかにいたら、お互いに惨憺《さんたん》たることになるのが目に見えていたからだ。1週間や2週間は親孝行な娘を演じられても、1カ月や1年はとうてい無理。そのうちぶつかって深刻な葛藤がはじまるのが、長年の経験からわかっている。

それなら、〝やさしい娘〟でいられる距離を置いたほうがよい。それがわたしのリアルな判断だった。

同居は究極の愛の踏み絵？

わたしの兄の妻は、長いあいだ夫の父に「いっしょに住んだら」と言ってあげられなかった自分を責めていたが、リアルに考えれば、どちらにとってもそのほうが正解だった。日本の社会では、「いっしょに住んだら」と言ってあげることが愛情の踏み絵のような役割を果たしているが、そもそもそれがまちがいだ。

だから、「おとうさん、おかあさん、わたしたちといっしょに住んだら」という〝悪魔のささやき〟には、きっぱりとこう答えよう。

「ありがとう、おまえの気持ちはうれしいよ。だけど、わたしはここを動かない」

なによりそれがお互いのためだ。「おや、そうかい、それはうれしいね」とほいほい同居を開始したとたん、せっかくのおだやかな老後を失い、親子関係までこわしてしまうことになりかねない。

子どものほうだって、親がこんなふうにきっぱり断ってくれるとわかっていれば、安心して〝踏み絵〟が踏める。そうすれば、「わたしは提案したのよ。でも、ひとりがいいって。おかあさんたら、わがままなんだから」ですむだろうに。

親も子も、どちらもよほど〝いい子〟でいたいらしい。

中途同居したあげく、介護の負担に耐えかねた子どもから、結局どこかのケア付き施設に入居することを迫られるくらいなら、住みなれたわが家で最後までひとり暮らしを選びたい。そのためには、子どもに頼らなくても安心して老いていけるだけの介護資源が地域に備わっていることが条件となるが、それはおいおい述べていこう。

ひとが、ひとりになるまでのプロセス

世の中には、選んでひとりになったひともいれば、やむをえずひとりになったひともいる。その反対に、好んでだれかといっしょにいるひともいれば、しぶしぶだれかと同居しているひともいる（後者のほうが多そうだが）。

ひとが、ひとりになる事情はさまざまだ。

本書のためのインタビューを開始してみて気がついたのは、どのひとも、ひとりになるまでの長いながい物語をもっていることだ。

人生いろいろ、ひとり暮らしもいろいろ

「人間、生まれるときもひとり、死ぬときもひとり」というのは、生物学的にいえば正しくない。生まれるときには、少なくとも産んだ母親がいる。

社会学では、ひとが生まれた家族を〝定位家族〟、自分でつくる家族を〝生殖家族〟というが、定位家族をもたないひとは、めったにいない。おとなになってからも定位家族を出ていかない子どもを「パラサイト・シングル」とよんだのは社会学者の山田昌弘さんだが（『パラサイト・シングルの時代』ちくま新書、1999年）、こういうひとたちは、結婚していない「シングル」ではあっても、「ひとり暮らし」とはいえない。

今日では、進学や就職によって定位家族を出ていく若者が増えた。統計のうえでひとり世帯の割合が増えているのは、いっぽうで未婚のひとり世帯、他方で高齢者のひとり世帯が増えているためである。

晩婚化・非婚化が進行しているせいで、生涯にひとり暮らしを経験したことのあるひとびとの割合は高まっている。

大学のわたしのゼミの学生が卒業研究で、共働きカップルの家事分担をテーマに

選んだことがあるが、その調査の結果は、ひとり暮らし経験のある男性は一般に家事能力が高く、自然にカラダが動くので、家事分担がうまくいく、というものだった。選ぶなら、ひとり暮らし経験のある男！　口先よりカラダが動くことが条件、となりそうだ。

もうひとつ、大企業の転勤経験者のあいだでは、単身赴任率が高まっており、ほぼ半数が経験したことがあるというデータもある。中高年男性のひとり世帯率も上昇している。食生活や暮らしの水準を下げたくなければ、ひとり暮らしの男性にも家事能力が求められる。ひとり世帯は、未婚者だけのものではない。

女性の晩婚化がすすんだワケ

少し上の世代の女性にとっては、ひとり暮らしは夢だった。結婚が親の家から出ていくたったひとつの選択肢だったからだ。だから、家を出たい一心で、男を踏み台（スプリングボード）にする結婚もあった。こういう結婚がうまくいくわけがない。

幸せな結婚とは、少し前までは、父親の手から夫の手へと、愛娘《まなむすめ》をひきわたすものだった。結婚式はいまでもそういう儀式を踏襲している。「一生、お嬢さんをお守りします」というのは、女にとって庇護者の引き継ぎを意味する。そういえば、皇太子も雅子さんにそう言ったっけ。だれから守るんだか。**「一生、ほかの男から守る」というなら、よけいなお世話。**

親の手からそのまま夫の手へとなだれこみ、すぐさま妊娠・出産して母になり、あわただしく子育てに人生を過ごしてきた女性は、わたしの世代から上には少なくない。昔とちがうのは、子どものほうの晩婚化・非婚化がすすんでいるせいで、次の世代がなかなか誕生しないことだ。しかも結婚と同時に家を出てべつの世帯をもつことが常識になったために、家に残るのは未婚の子どもだけになった。女性の晩婚化が可能になった原因のひとつは、ここにある。娘がパラサイトしつづけることができるのは、昔のように**「あなたが家にいちゃ、お兄ちゃんにお嫁さんがこないじゃないの」**というプレッシャーがかからなくなったからである。

だから、ひとりになる経過は、多くの女性にとって、子どもたちがひとり去り、ふたり去り、夫とふたりきりになり、そして夫を看取り……という長いプロセスになる。「ひとりになりたくない」または「夫とふたりきりになりたくない」女性にとって、子どもは大事な資源。いくつになっても自立を阻んで手元に置いておきたいものらしい。パラサイトの背後には、親の隠れた欲望につけこんだ子どものしたたかな計算がある。

「ふたり」が「ひとり」になるとき

おひとりさまになるまでには「ふたり」が「ひとり」になるプロセスがあり、そこには喪失の体験がある。喪失のうちで、もっともダメージが大きいのは配偶者の**喪失**である。ペットロス症候群なども話題になっているが、それとはくらべものにならない。

仲のよかったカップルにかぎるかと思ったら、そうでもないところが夫婦関係の謎である。カップルのなかでも、とりわけ長いあいだ生活をともにしてきた夫婦は、愛憎ともに縄のごとくないあわされて、式子内親王《しょくしないしんのう》の塚にまとわりついた定家葛《ていかかずら》のように、共依存関係になるものらしい。

妻を亡くすと、男はがたがたにくずれる

わたしの両親は、決して仲のよい夫婦とはいえなかったのに、夫の妻に対する依存度はいちじるしく高かった。というより、ほかにどんな選択肢もなかったために、生活も感情もなにもかも妻に依存せざるをえなかったというのが実情であろう。だ

からつっかい棒がはずれると、がたがたにくずれてしまう。

存命中の母は、「こんなひと、わたしでなければとうていいっしょにやっていけない」とぼやきながら（そう言って、横暴な亭主と別れずにいる妻たちは多い）、あとに残される夫を心配するいっぽうで、「一日でもいいからおとうさんより長生きしてせいせいしたい」と念じていた。

「お願いだから、おかあさんのほうがおとうさんより長生きして」という、わたしたち子どもの祈るような願いもむなしく、彼女はがんで先立ってしまった。あとに残された父の憔悴《しょうすい》ぶりからして、これでは父も長くはないだろうと思ったものだ。そのあと父は妻のいないひとり暮らしを10年にわたって続けたが、「ママ（妻）を亡くしたボクの人生に、盆も正月もない」と言って、ひきこもり同様の生活を送った。文芸評論家の江藤淳さんが妻に先立たれたあと1年もしないうちに自裁したことが報道されたが、これも愛妻のあと追いをしたというより、心身ともにつっかい棒を失った人生をもてあましたからであろう。

夫婦のふしぎ

この逆の状態は、妻の場合には考えにくい。最近のデータによると、70代で妻のいる男性は、同年齢で夫のいる女性よりストレスがずっと少なく、同じ年齢で夫のいる女性と夫のいない女性とをくらべると、夫のいない女性のほうがストレスが少ない、という結果が出たそうだ。そりゃそうだろう。にもかかわらず、あんなに憎みあっていたのに、と思われるカップルでさえ、夫を亡くして悲嘆にくれている妻がいるのが夫婦のふしぎというもの。

会えばいつでも夫のグチをこぼしていた50代終わりの女性が、夫を病気で亡くした。しばらくぶりで会おうと待ち合わせた場所へ、憔悴した面持ちであらわれた彼女は、こう述懐したのだ。「いないほうがいいとさえ思ったのに、死なれてみると、こんなにこたえるとは思わなかったのよ」。

朝起きてから夜寝るまで顔を合わせて、たとえ会話がなくとも同じ食卓を囲み、同じテレビ番組を見てタレントをくさし、子や孫の喜びやトラブルをともにし、日々の暮らしを紡いできた相手は「空気のような存在」。だが、「空気」だからこそ、なくしたら窒息する。愛も憎しみも関係の深さの尺度。のっぴきならない関係を何十年も続けてきた相手を失えば、喪失感の深さは想像にあまりある。

ふたりでいるから孤立することも

だが、にもかかわらず、おひとりさまは「ちょっと待って、リスクを分散してこなかったあなたにも責任はないの?」と言いたくなる。1日はだれにとっても24時間。その大半を家族とともに過ごせば、家族以外のひとたちと過ごす時間はおのずとかぎられる。「さしむかいの孤独」ということばがあるが、ふたりでいるから孤立することだってある。

おひとりさまのメリットは、カップルの場合とはちがって、他人が気軽に声をかけてくれることだ。こういう気安さは、食事のときに発揮される。食事にだれか招待したいと思ったときに、相手がカップルよりシングルのほうがずっと声がかけやすい。

逆もまた同じ。おひとりさまでいると、気楽にお声がかかる。「ごはん食べに来ない?」「いっそうちに泊まったら?」「リビングのソファでよかったら」「しばらく留守にするから、そのあいだ家を使ったら?」と、外国を旅しているとき、どんなにいろいろなひとたちから声をかけられたことか。わたしはいそいそホテルをキャンセルして、他人さまの居候になりにいったものだ。カップルだったら、こんなことはなかっただろう。まさかカップルに「リビングのソファで」とは言えないものね。

死別シングルの選択

君江さんは、夫の引退後、山荘暮らしをしたいという彼の長年の夢につきあって都会から引っ越してきた。これから自然のなかで夫婦だけのゆとりある暮らしがはじまると思った矢先、夫のカラダに不調があり、がんが見つかった。

地方では、最善の医療を求めて奔走するのもなにかと不便だ。夫に付き添い、東京の病院まで何時間もかけて往復したことも一度や二度ではない。主治医は、免疫力を高めるには本人が気に入った暮らしをするのがいちばんとすすめ、夫も朝に晩に小鳥が訪れる山荘から離れるのをいやがった。闘病生活は二人三脚、ふたりのきずなは以前にも増して強くなった。彼女は献身的な看病を続け、夫は感謝して亡くなった。やれるだけのことはやりつくしたという達成感が、彼女にはある。

標高1600m、厳寒期には道路も凍結する山荘。夫を看取ったあとも、70代の彼女はそこから離れない。そこが夫の愛した住居であり、また夫との思い出がいっぱい詰まった場所だからだ。越冬も考えて別荘地につくられた山荘は全館暖房。来客以外には使わなくなった2階から1階に寝室を移し、コンパクトに住まうよう工夫された住居は、みるからに暮らしやすそうだ。都会には息子がいて、「かあさん、いっしょに暮らしたら」と言ってくれるが、彼女にとってはここがいちばん。雪に埋もれたベランダに真冬も小鳥がやってくる。毎朝、餌をやるのが楽しみだ。

君江さんは夫を愛し、尊敬していた。がんとわかってからの病気との立ち向かい方も毅然として、そのうえユーモアを忘れず、敬服に値した。「ふたり」の生活の終章をこんなふうに迎えるには、それ以前の夫婦関係がよくなくてはならない。

シングルになってから山暮らしを選んだ高齢女性に佐代子さんがいる。

佐代子さんは、50代で思いがけず夫に先立たれた。成人した子どもたちの誘いを尻目に、60代でひとり暮らしを選んだのは彼女である。生まれてはじめて自分の意思で家を建て、長年住みなれた都会のマンションから引っ越した。ハーブと蘭のガーデニングがお得意である。聞けば、ずーっとこういう庭のある暮らしに憧れていたのだという。夫に先立たれるのは不幸なことにはちがいないが、現役の仕事に多忙をきわめる夫がいたら、こういう自然のなかでの生活はできなかっただろうから、彼女にとっては思いがけず積年の夢がかなったことになる。

君江さんも佐代子さんも、子どもと同居するか、子どもの近くに住むという選択肢があるにもかかわらず、それを選ばなかった。ふたりとも背筋のぴんとのびた女性だが、佐代子さんは「夫がいたころは、夫の言うままに生きてきましたのよ」という。いまのご本人を見ていると、とても信じられない変貌ぶりである。

喪失の体験はたしかにつらい。

だが、**喪失は同時に自立をもたらしてもくれる。**配偶者を失うという経験からなかなか立ち直れないでいるのは、男性のほうに多いようだ。

君江さんは夫との思い出がたっぷり詰まった家から離れず、佐代子さんは夫と過ごした住まいを引き払って、まったく新しく出直した。同じ家に住みつづけるにしても、同居人を失ったあとのひとり暮らしでは、暮らし方がちがう。どちらも亡くなった夫との関係はよく、闘病や看護についても、せいいっぱいやったからこその充足感をもっている。納得できるふたり暮らしを経験したひとは、ひとり暮らしにも納得して踏み切れるのだろう。

離別シングルの選択

ひとり暮らしであることは、自分ひとりの空間を確保しているということだ。わたしひとりの家、はシングルの夢だろう。だがそれを手に入れるのは、思ったほどむずかしくはない。

離別シングルである浩子さんも、子どもが成人してからは、ひとりで家を建てて地方に引っ越した。自然のなかで暮らすことをずっと夢みてきたのだという。

ひとりで暮らす、ひとりで家を建てる、自分の夢をかなえる、という楽しみが、シングルアゲインの老後には待っている。もはや家族と住むための家ではなく、自分ひとりのための家である。だれに遠慮もなく、好きなように建ててよい。

家を建てるのは、男にとっても一世一代の買い物、男の甲斐性の証明だが、女にとってもいちばん大きい道楽だろう。老後の女の家は、ステータスシンボルなぞを求めなくても、自分さえ快適ならよい。土地の安い地方でローコスト住宅を建てれば、それほどおカネはかからない。都会で分譲マンションを買うより安く建つ。断熱、保温、気密性など、住宅の機能もますます進化している。

わたしは分譲マンションと建て売り住宅を転々としたが、どの家もすべてできあいのものばかり。他人の家を又借りするのもずいぶん経験して、他人さまの暮らしの流儀に合わせるのはなれっこだが、それでも死ぬまでに一度は、自分の思うような家を建ててみたいと思っている。

非婚シングルの選択

和美さんは、その世代にはめずらしい非婚シングル。苦労して働きつづけて、60歳で定年を迎え、知り合いのペンションを泊まり歩いて気に入った土地を見つけ、終《つい》の住処《すみか》をようやく建てた。

平屋の一戸建て、南に面した庭は家庭菜園。ところ狭しと作物が顔をならべている。それが彼女の夢だった。がんばりやで骨惜しみをしない彼女の性分はここでも発揮され、畑仕事の経験もないのに、地元の農家のひとたちもびっくりするほどのりっぱなナスやトマトが採れる。わたしもどれだけお相伴にあずかっただろうか。

カラダが丈夫で働き者、世話好きで気持ちのよいひと、とまわりから慕われていた彼女は、念願の生活をはじめて5年で突然がんが見つかり、あっけなく亡くなった。いま彼女の夢の城は、ときたま訪れる弟さん夫婦の別宅になっている。南面の菜園はみる影もない。

君江さんの夫といい、和美さんといい、自分のささやかな夢をかなえるのに遠慮はいらない、もっと早くはじめていれば、と思わずにいられない。

カップルアゲインの可能性は？

50代で死別シングルになった君江さん、40代で離別シングルになった浩子さんに、失礼とは思いながら、次の質問をぶつけてみた。

「パートナーを失ったあと、もう一度、カップルになるという選択はありませんでしたか？」

君江さんの夫は、自分が死んだあとの彼女の生活の基盤をすべて整え、彼女に感謝して亡くなった。「再婚しないでくれ」と言い残したというが、「あのひとのわがままなんでしょうねえ」とつぶやきながら、彼女はそれを守っている。

浩子さんは、「考えないわけじゃなかったけど、相手にしたい男がどんどん死んでいくので」という。彼女は、年上の尊敬できる男性でなければ眼中にないそうだ。

それなら、歳をとればとるほど恋愛マーケットは小さくなる。年齢やキャリアにこだわらなければ選択肢はひろがる。パートナーとの関係も、「お守りします」という庇護の関係から、同志のようなタッグマッチ、さらに相手の若さや幼さを恕《ゆる》し愛《め》でる関係まで、さまざま。自分の意外な一面に気づくのも、出会いのもたらす発見だろう。

人生は思いがけない出会いに満ちている

高齢シングルの大先輩、評論家の樋口恵子さんは、30代で死別シングルになったあと40代で事実婚型の再婚をし、60代でふたたび夫を亡くしてシングルに戻った。彼女のメールアドレスには、父親と最初の夫と2番目の夫、それぞれの頭文字をとったみっつのアルファベットがならんでいる。彼女を育て、励まし、支えてくれた3人の男たちに感謝、という意味らしい。男から被害にばかりあってきた女性にはうらやましい話だろう。彼女の世代で女が世に出るためには、男のメンター(引き立て役、応援者)の役割は大きかった。

樋口さんはロマンチッククラブの信奉者だから、このアドレスの由来を聞いて、「4人目はどうなるのですか?」と問うひともいる。もちろん冗談ではない。〝女の賞味期限切れ〟などとあせるのは、中年の危機を迎えた未熟者のいうせりふ。円熟してからの人生は長いし、人生は思いがけない出会いに満ちている。70歳を超えた樋口さんの身の上にだって、なにが起きるかわからない。

わたしがこういうのには理由がある。データをみると、結婚の好きなひとはこりずに結婚を何度もくりかえし、結婚しないひとはずーっと結婚しない、という傾向があるからだ。

アメリカで活躍した画家、石垣栄太郎さんとおしどり夫婦で有名だった評論家の石垣綾子さんは、夫の死後1年もたたずに再婚した。最愛の夫を亡くして1年やそこらで、という周囲のひんしゅくをよそに、彼女はこう言ったものだ。「前の結婚生活がとてもよかったので、ふたたび結婚することにためらいがなかったのです」と。

2度目の結婚生活は短期間で離婚に終わったが、この気分はわかる。

パートナーはいるが、同居はしないというスタイルも

離婚件数の上昇にともなって、たしかに再婚件数は伸びている。だが、私の周囲のシングルアゲインは、死別組も離別組も新たなパートナーを求めるのに臆病ではないが、法的な結婚や同居を選ばないケースが多い。

10代の育ち盛りの息子ふたりを連れて離婚を選んだ幸子さんは、恋人はいたが再婚せず、息子たちに彼を「おじさん」とよばせて行き来していた。家庭をかえりみることの少なかった夫にくらべて、今度の「おじさん」は博識で息子たちの相手を

よくしてくれたから、彼らの尊敬を獲得した。無理に「おとうさん」といわせていたら、むずかしい年齢の息子たちとの関係はどうなっただろう、と思う。

子育てを卒業してからは一戸建てを引き払って、同じ分譲マンションのべつべつの部屋に住んでいる。ときどき食事をともにしたり、旅行に出かけたりするおだやかな関係が長く続いている。お宅にうかがったとき寝室が見えたが、ベッドはダブルではなくシングルだった。「ひとりで暮らす」ことが基本にあり、「ときにはいっしょにいる」という選択肢もある彼女のスタイルは賢明で、幸せそうだ。

「ひとりでおさみしいでしょう」は大きなお世話

ひとり暮らしは、さみしいだろうか？

アメリカの住宅は大きい。広壮な敷地にアーリーアメリカン調の住宅。それらが互いに調和しながら建ちならぶ郊外の景色は、日本の住宅地にはない豊かさだ。ニューヨーク州北部、コーネル大学のあるイサカは、庭先にリスがやってくる自然に恵まれた町である。そこに日本語教授法の大家として知られる60代のエレノア・ジョーダン先生が住んでいた。日本人の英語学習法の欠陥を知りつくし、日本人向けの英語の集中コースを開講していたジョーダン先生は、クラスの受講生全員を集めて自宅でパーティをやってくれた。いまから20年も前のことである。

家族連れで来ていたわたしのクラスメイトが（もちろん男性だ）、帰ってきてからこう言った。

「あんな大きな家にひとりで住んでるのか。さみしいよな」

わたしはプッツン来た。大きなお世話だ。

アメリカのキャリア女性の例にもれず、彼女も離婚経験者だった。子どもたちを育てあげ、大邸宅にひとり暮らし。うらやむことはあっても、同情する理由なんてあるだろうか。

その後も、一戸建ての住宅で、同じようなシングルライフを送っている高齢の女性に何人も会った。車いすでも移動が容易なゆったりした家のつくりや全室温度差のない暖房設備（当時はセントラルヒーティングということばさえ知らなかった！）は、20年以上前の日本人にとっては垂涎《すいぜん》の的だったはずだ。これらは、日本でもようやく高齢者住宅のスタンダードになってきたが、家が広くて困ることなどなにもない。メンテナンスがたいへんなら外注すればすむ話だ。

ゴキブリのように身を寄せ合って暮らすことを、「さみしくない」のとカンちがいする貧乏性は、たいがいにしてもらいたい。高齢者のひとり暮らしを、「おさみしいでしょうに」と言うのは、もうやめにしたほうがよい。とりわけ、本人がそのライフスタイルを選んでいる場合には、まったくよけいなお世話というものだ。

先にデータで示したように、高齢者のひとり世帯は増えている。どうせ住むなら、建て付けの悪いアパートより、セントラルヒーティングの備わった一戸建てで暮らすほうが（経済的な問題さえクリアできれば）豊かではないか。

第2章　どこでどう暮らすか

最低条件は、自分だけの住まい

家族も仕事も卒業して、自分のためだけに使えるありあまる時間をエンジョイしようと思ったら、そのための最低の条件は、自分だけの住まいをもつことだ。

以前から、不思議に思っていたことがある。

入院中の病人も、施設に入っているお年寄りも、「自分の家に帰りたい」と訴える。設備の整った場所に、患者や高齢者を一カ所に集めてめんどうをみるのは、看護や介護をするひとのつごうで、本人のつごうではない。医療機関なら、治療という目的があるから、しばらくはがまんできる。いつかは家に帰れるという期待がもてるからだ。

だが、多くの高齢者にとって、施設は入ったら二度と出られない場所。そういえば、特別養護老人ホームの警備員をしていたという、小笠原和彦さんが書いた『出口のない家』(現代書館、2006年)という題名の本もある。雑誌『世界』(岩波書店)に連載中からその筆力を含めて注目していた。うまいタイトルをつけるものだなと思ったが、同時に入ったら出られない現実にうそさむくなる。

「家に帰りたい」という高齢者のシンプルかつ切実なのぞみがかなえられないのは、なぜか。だれだって病院や施設のような空間よりは、どんなに汚くても、どんなに不便でも、住みなれた自分の家のほうがずっとよいに決まっている。介護が必要なら、24時間、在宅支援があればすむ。ヘルパーさんや看護師さんがべったりはりついている必要はない。日中3回、夜間1回の巡回介護があれば、在宅でやっていける程度のお年寄りはいくらでもいる。

家があるのに家に帰れないお年寄りがいるのはなぜか、という問いに対する答えはかんたんだ。帰るはずの家に、家族がいるからだ。家族は、お年寄りが家に帰ってくるのを拒む。そもそもお年寄りを施設に入れることを決めたのも家族だ。同居を拒否しているのは、家族のほうである。

とはいっても、家族を責められない。24時間同居では介護から逃げられない。自分の健康と生活が破壊されると思えばこそ、涙をのんで選択したのだろう。

「家で暮らしたい」と「家族と暮らしたい」はちがう

ところで、これがひとり暮らしなら？　と考えてみよう。

「家に帰りたい」というその〝家〟が、「ひとり暮らしの自分の家」であれば、お年寄りが家に帰ることを妨げるものはなにもない。在宅支援の地域介護体制が整っていれば、要介護のお年寄りにだってひとり暮らしはじゅうぶん可能だ。

お年寄りの「家に帰りたい」というのぞみは、たんに「自分の家というスペースに帰りたい」という意味ではないのか、とわたしはかねてより疑っている。日本語の「家」ということばは、誤解をまねきやすい。「家に帰りたい」という希望と、**「家族といっしょに暮らしたい」**という希望をとりちがえるから、ややこしくなるのではないだろうか。

ひとり暮らしをしていたひとでも、施設に入居したら、やっぱり「家に帰りたい」というひとがいる。その場合は純粋に建物としての家で、人間関係としての家ではない。もし、その家に家族が住んでいなかったら？　それなら堂々と大手をふって家に帰ることができる。家族がいるばっかりに、自分の家から出ていかなければならないのが、高齢者のほうになるのだ。

こういうときには、逆転の発想をしてはどうだろう。

高齢者は「家に帰りたい」が、家族は「同居したくない」と利害が対立したら、高齢者を「家に帰さない」という選択をする代わりに、家族のほうが「家を出ていく」という選択をすればよい。若い世代のほうが、環境の変化に対する適応も柔軟だ。古い家は年寄りにあけわたし、近くにマンションでも借りて、親の家へときどき通うのだ。同居がイヤなら、しょっちゅう親の顔を見なくてすむ距離を保てばよい。つまり〝パートタイム家族〟や〝サムタイム（ときどき）家族〟をすればよいのだ。もちろん仕事や出かける先があれば〝フルタイム家族〟をやらずにすむが、帰ってほっとくつろぐ自宅に要介護の高齢者がいる負担感は察するにあまりある。

これができないとすれば、それも家族のあいだの罪悪感や体面のせいだろう。

ハードで解決できる問題なら、ハードで解決すればよいと思うが、まったくめんどうなことだ。

おひとりさまには、こういう苦労はない。自分の家は自分ひとりの家。帰るのに、だれに遠慮もいらない。シングルであることと、シングル世帯であることとはちがう。自分の住んでいるすべての空間をひとり占めできる、それが、「おひとりさまの老後」の最低限のインフラ（生活基盤）だ。

だれでも「最後まで自宅で過ごしたい」がホンネ

これまで、先進ケアで知られるさまざまな高齢者施設の管理者や責任者に会ってきたが、インタビューの最後に、かならず投げかけるお決まりの質問がある。

「あなた自身が要介護になったとき、どこに住みたいと思いますか？」

先進ケアを誇るくらいだから、「自分の施設で」という答えを期待していたが、そういう答えが返ってきたためしは一度もない。

「そうねえ、ぎりぎりまで自宅で過ごしたいですねえ」

というのが彼らの答え。正直だと思う。

どんなに評判のよい施設でも、自分の意思ですすんで入居したひとは、ほとんどいない。ケア付きの施設に入居するのは、ひとりでは不安だから。介護者側のつごうに合わせて集団でめんどうをみてもらうことを選ぶのは、次善の策だ。もし自宅で介護を受けることが可能なら、そちらを選びたいというのが、先進ケアを実践するひとたちの偽らざる気持ちのようである。

この場合、「自宅」は文字どおり「自分の住宅」という以上の意味はなさそうだ。「家族といっしょに」は含まれていない。成人した子どもがいても同居していない場合が多いだけでなく、「家族と同居」を選ぶとすれば、「子どもの家で」となることは、データからも明らか。このひとたちが「自宅で」と答えるときは、「現在住んでいる家でそのまま」を意味しており、たとえ子どもであっても、「よその家である子どもの家」での同居を意味するとは思えない。

「家で」と「家族と」とが混同されているのを解きほぐせば、高齢者が「自分ひとりの家で」を選ぶことは、もっとあたりまえになりそうだ。

女の持ち家率は高い

「自分ひとりの家」っていったって……と思うひともいるかもしれない。それは経済的に恵まれたひとの話だろうって？

だが思いのほか、高齢者、それも女性高齢者の持ち家比率は高い。

政府と企業が、持ち家政策を積極的に推進したせいもあるが、わたしの世代である**団塊世代の持ち家率は8割を超える。**首都圏〝中流〟の格差は、地価変動のどの時期に不動産を購入したかで明暗が分かれると言ったのが、『新「階層消費」の時代』（日本経済新聞社、1985年／文庫版『新・階層消費の時代』上野千鶴子解説、朝日新聞社、1989年）の著者、小沢雅子さん。

団塊世代は、首都圏の地価バブルがはじまる前に30代の世帯主としてローンを組んだひとが多い。だからバブルがはじけても、買ったときの値段にくらべれば、確実にキャピタルゲイン（資本利得。土地や株など保有資産の値上がりによって生じる利益）を得ている。地価が上昇しても転落しても、その上に住みつづけていればソンもトクもない。金利は少々上がったかもしれないが、そのころは所得も上向きだった。不景気がはじまってからは、長期にわたるゼロ金利時代。残ったローンは借り換えして、ラクになったはずだ。

あるのは自分と家族が住んでいる持ち家ひとつっきり。運用にまわすほどの余裕はないから、転売や賃貸から利益を得たわけではない。企業のように、担保力だけが上昇した資産をもとに借金をして投資でもしていれば、資産価値が暴落したとき投資を回収するためにたいへんな思いをしたかもしれないが、地価高騰も下落も、ひとつの不動産をじっと抱えていた大半の〝中流〟には関係なかったのである。

「売ればいいおカネになるんだけどなあ」という、皮算用の楽しみをいっとき味わったにすぎない。

バブルがはじけてからリストラにあった中高年ホワイトカラーには、ライフプランの大きな誤算が起きたかもしれない。が、大半の団塊サラリーマンは、最後の安定雇用世代として定年を迎えた。30代で組んだ30年ローンはすでに払い終わっているか、それとも退職金で清算できる額だ。

夫のカネはわたしたちのもの、わたしのカネはわたしのもの

自分の家はある。あとは夫が先立つのを待つだけだといえば、おだやかでないかもしれない。多くの既婚女性にとって、自分の家は夫名義の家であって自分の家ではない。妻に収入がなければ、家を共同名義にするのにさえ妻に贈与税がかかる。日本の法律は、夫婦共産（夫婦共有財産）制を認めていないから、夫が稼いだものは夫のもの。だが、財産法では個人主義をつらぬいている日本の法律は、遺産相続になると妻をぐんと優遇するようになった。

1980年まで、妻の法定相続分は夫の遺産の3分の1、残りの3分の2は子どもたちに均等分割と決められていた。子だくさんの時代には、これでもよかったかもしれないが、少子化で子どもがひとりかふたりになると、場合によっては妻より子どもが優遇されることになる。

1981年に、妻の相続分がいっきょに2分の1まで上昇。同じ時期に、専業主婦の年金権が認められたから、これは「福祉の含み資産」とみなされた主婦に、夫を看取った〝ごほうび〟として与えられたのだろうと推測はつく。

第3号被保険者（サラリーマンや公務員の無業の妻）なら保険料を払わなくても年

金をもらう権利がある、というこの80年代末の年金改革を、「専業主婦優遇策」とよぶのはまちがいで、「オヤジの看取り保障」というべきだとわたしは思っている。

つまり、オヤジを看取りさえすれば、夫に先立たれた妻は黙っていても夫名義の財産の半分は自分のものになるのだ。しかも相続税の基礎控除額は5000万円プラス法定相続人数×1000万円。つまり、妻と子ども2人の計3人が相続人なら8000万円までは税金がかからない計算だ(相続税の計算はいろいろフクザツなので、気になるひとは自分で調べてみるといい)。たいがいの不動産の評価額は路線時価よりはずっと低いから、〝中流〟程度の夫が残してくれた不動産など、ほとんど相続税の対象にならない。相続税が高すぎて土地の物納で納めたなどという週刊誌ネタは、大都市圏の不動産持ちだけの話である。

しかも子どもはとっくに自立しているから、いまさら父の遺産をくれとは言い出さない(だろう)。ヘタに分けてくれと言えば、母親を住まいから追い出すことになり、自分がめんどうをみるはめにおちいりかねない。少子化の時代、黙っていても母親が亡くなれば、いまの不動産は自分のもとにころがりこんでくることを予期している。

高齢社会をよくする女性の会が2002年に会員を対象に実施したアンケート調

査によれば、「自分名義の不動産がありますか?」という問いに、「イエス」と答えたひとが約7割。対象となった会員は平均よりやや経済階層が高いかもしれないが、とびぬけてリッチなひとたちばかりではない。**高齢女性の7割に自分名義の不動産があるというデータは心強い。**しかもこの数字は、これから団塊世代が老後へとなだれこむにつれて増えていくだろう。

団塊世代の女性は就業率も高い。いったんは結婚・出産で職場を離れても、子育て期が終われば、7割以上の女性が正規・非正規の働き方を経験している。

洋子さんは40代になってから働きはじめたが、家計は夫の収入でやりくりすることを原則とした。彼女のように「**夫のカネはわたしたちのもの、わたしのカネはわたしのもの**」という金銭感覚をもっている妻は多い。そして自分の収入はすべて自分の貯蓄にまわし、50代で自分名義の家を建てた。

「これでいつでも離婚できる」

とつぶやく妻に戦々恐々としているのは、夫のほうである。

非婚おひとりさまの場合は？

非婚のおひとりさまでも、働きつづけていれば、自分名義の不動産のひとつくらいはあるだろう。首都圏で住宅供給がだぶついてきた今日、ひとり者だからといってローンを組めないとか、家を貸さないとかいっていられなくなった。それどころか、扶養家族のいない30代、40代のリッチなシングル男性は、デザイナーズマンションのよい顧客だ。耐久消費財の究極は住宅。ひとり者が住宅にカネを投じるのは少しもふしぎではない。

男も女も最近のおひとりさまは、外を出歩くより、気に入った「おうちでまったり」するのが大好きのようだ。若者のデートを見ていても、週末に会ってふたりで食品を買いこむと、おうちでクッキングしてそのあとはビデオを見たり、ゲームをしたりでごろごろするのがいいらしい。こういうのを「茶飲み友だち」というが、きょうびの若者は、若いうちから「茶飲み友だち」カップルになる傾向がある。

親の不動産がころがりこむ確率は？

住宅を自力で手に入れそこねたおひとりさまにも、少子化のおかげで高い確率で親の不動産がころがりこんでくる。田舎の土地なんかもらったって……というひともいるかもしれないが、貸すなり転売したりすればよい。

わたしの年下の友人で、フリーター同然の暮らしをしていた非婚シングルの男性は、親を看取ってから郷里にある実家を処分した。わずかとはいえ手にしたおカネで、石垣島の一軒家を購入。地価の差を利用した玉突きで、場所を変えればそれなりの物件が手に入る。

常夏の島で光熱費もたいしてかからず、美酒と美食の楽しみは捨てないで、チープに暮らしている。長年つちかった全国の友人のネットワークから、グルメの彼のために酒肴のかずかずが送られてくる。シングルであることは孤立していることではないし、離島に住んだからといって世捨て人になったわけでもない。

このひとは無類のティー・コノスゥア（茶の通人）で、茶園指定のダージリン紅茶を個人輸入している。わたしの紅茶の供給源はこのルートだ。イギリスに行ってもどこへ行っても、彼が調達してくれるグレードの紅茶に出合ったことはない。石垣島にいて困るのは、おいしい水がないことだろうと同情するが、いまはいろいろなブランド水が買える。ちなみにこのひとはパソコンを使わない。書と篆刻《てんこく》をよくし、いまでも巻紙に右から左へ筆書きで手紙が来る。

A級からC級までケア付き住宅もいろいろ

ひとりぼっちが不安だったり、さみしければ、ケア付き集合住宅やシニアコーポラティブ（高齢者のための集合住宅。入居希望者が共同で土地購入から設計、工事発注までを行う）もある。これも星5つのA級から、B級、C級まで、ふところ具合に応じたレベルがある。分譲もあれば終身利用権もあり、賃貸もある。最近では、高齢シングルの年金事情に合わせて価格を設定した物件が出回っているから、無理のない範囲で選べる。

とはいえ、何度でもくりかえすが、どんなにぼろ家だろうが、散らかっていようが、住みなれた家がいちばん、という気持ちを多くの高齢者はもっている。ゴミが山のように積もり、掃除を何年もしていないような家でも、ヘルパーさんが片づけると怒るひともいる。畳の部屋で何年も暮らしていたお年寄りを、いくら高級でもホテルのような高齢者施設へ移せば、居心地が悪いに決まっている。

身体的な空間感覚とは習慣的なものだ。長年暮らしてきた環境をあまり大きく変えないで、B級はB級なりに、C級はC級なりに、暮らす場所を確保できればそれでよい。ぜいたくさえいわなければ、それはそんなにむずかしいことではない。

おひとりさまの住宅事情

住みやすいのはＬＤＫよりワンルーム

ほんとうのところ、非婚のおひとりさまの住宅事情はそんなに華麗ではない。進学や就職で親の家を出たあとは、４畳半ひと間の下宿や20㎡程度のワンルームマンションで暮らしてきた経験がある。座ったまま ちょっと手を伸ばせばなんでも用が足りる便利さが捨てがたくて、ようやく書斎のある持ち家を建てられるようになっても、わざわざせまっ苦しい穴ぐらのような自分専用のスペースをつくるひともいるくらいだ。

実際に自分で暮らしてみて思うのだが、おひとりさまには、ｎＬＤＫの家族向けマンションほど住みにくいものはない。ほとんどのおひとりさまのマンションは、そのうちのひと部屋かふた部屋が〝物置〟状態になっているはずだ。結局デッドスペースが増えただけで、ワンルーム状態で生活しているのとちがいはない。

おひとりさまの友人は、80㎡のマンションを改装して、6畳の自分の寝室プラス残りはワンルームのリビングダイニングに変えた。友だちが来たらリビングに寝てもらう。べつなおひとりさまの友人は、40歳を過ぎてから購入したファミリータイプのマンションを、ひとり暮らしのライフスタイルに合わせて改装した。そのとたん、まさかの結婚をしたのだから、人生はわからない。そのお相手というのは、改装したマンションのお披露目パーティに友人が連れてきた男性だという。

わたしもワンルームがいい。それも、がらーんと広いワンルームがいい。天井が高く、スペースがゆったりした外国の家に慣れたから、ただでさえ狭い空間をさらにこまごまと区切った日本のマンションにがまんできない。

わたしは念願の仕事部屋を八ヶ岳南麓につくったが、それは60㎡ワンルームの空間である。60㎡にこだわったのは、北欧の高齢者住宅の平均規模が、ひとりあたり60㎡だと聞いていたから。家具は最小限にして、応接セットなどは置いてない。これだと家のなかを、家具にぶつかったりせずに歩きまわれる。人間ひとり暮らすのに、60㎡はミニマムだと思う。もちろん4畳半が大好きというひともいるから、空間感覚はひとそれぞれ。慣れたところがいちばんんだ。

「仮住まい」というライフスタイル

おひとりさまが住宅にこだわらないですんできたのは、親の家があって自分の家は子ども部屋の延長、いわばアネックス（別館、離れ）だと思えたからだ。だから家というより、〝部屋〟があればじゅうぶんだった。

親の家に帰れば、おひな飾りもローゼンタールのティーセットもあるかもしれないが、「じゃ、あんたのとこにおひなさま、持ってく？」と聞かれたらごめんこうむりたい。飾るところもしまうところもないからだ。実家に帰ればある、と思えばほしがらずにすむし、自分の家は仮住まい、と思える。

日本の住宅は、家族のサイズが最大規模のときに合わせてつくられている。おひとりさまの間尺に合うわけがない。そのうち親が亡くなって実家を相続したら、今度はもてあますに決まっている。

そうそう、おひなさまの話だった。わたしの実家には、ひとり娘だったわたしのために、**緋毛氈《ひもうせん》に五段飾りのおひなさまのセット**があった。毎年、母が出したりしまったりしてくれていたが、全部ひろげると6畳の部屋がいっぱいになった。ひとり暮らしをはじめたとき、母がくれたのは自分でつくった木目込み人形の内裏びな。

簡略版だが、うちに帰ればあのおひなさまがある、と思えた。

弟が結婚してはじめて孫娘が生まれたとき、最初に思ったのは「あのおひなさま、姪のところに行くのかしら」ということ。どちらの祖父母にとってもはじめての女孫だったから、きっと弟の妻の実家からおひなさまが来るだろう。「あのおひなさまはわたしのものだから絶対にあげないでね」と母に約束させたのは、いまから考えればまったく子どもっぽいエゴイズムだった。

そんなにこだわったおひなさまだったのに、両親が亡くなってから実家を更地《さらち》にすることになり、「いまのうちに大事なものは全部ひきとっておきなさいね」と兄の妻から連絡が来ても、とりに行かなかった。きょうだいはそれぞれ自分の住まいを確保していたから、いまさら親の住んでいた古家をもらいたがる者はだれもいない。きょうびの解体屋さんは、家のなかにある家財ごと始末してくれるそうな。結局、あのおひなさまは顔も見ないうちに、解体屋さんの手で廃棄物となった。

いまわたしの手元にあるのは、母の形見となった木目込み人形の内裏びなと、友人がつくってくれた紙びな、どれもマンションサイズである。

惜しいわけではない。ライフスタイルが変わったのだもの、いまさら6畳の部屋を占拠する段飾りびななど置いておけない。なにが言いたいかといえば、おひとりさまにとっては仮住まいのつもりではじめたライフスタイルが、そのまま一生続いてしまうということ。その昔、次男坊、三男坊のことを「部屋住み」とよんだが、よくもいったものだと思う。ついに家持ち（戸主）になれないからこそ、そうよんだのだろう。

ライフスタイルが変われば、住み方も変わる

わたしはマンションをいくつも買い替えたが、「終の住処」と思ったことがない。いつでも仮住まいだから、状況が変わればかんたんに住み替えるつもりでいる。

そんなわたしでも、やっぱり自分の家がいちばん。つまりどんなところであれ、自分のスペースと思えて、住みなじみ、使いなじんだ空間がいちばん、ということだ。あ、でも念のためにいっておくと、3カ月か半年もすれば、どんなところでもたいがいの空間には住みなれる。いまよりもっと若くてテンションが高かったころは、無類の引っ越し好きだった。新しい家で、暗闇のなかでも電灯のスイッチをまちがえずに押せるようになると、「この家にも住みあきたな」という気分になる困った性癖の持ち主だった。

こういうおひとりさまの仮住まい感覚を、まんま住宅設計にもちこんでしまった

建築家がいる。山本理顕さんだ。彼は住宅公団（いまは都市再生機構というそうな）の開発した東京都江東区東雲《しののめ》にある集合住宅の設計にたずさわり、1LDKのカップル型住宅のパターンのほかに、同じ住棟にワンルームのアネックスをつくってしまった。

子どもが大きくなって個室をほしがれば、住宅を大きくする代わりに離れとしてアネックスのワンルームを借りればよい。子ども部屋にしてもいいし、父親が仕事部屋として使ってもよい。いずれ不要になったら、借りるのをやめればすむ。もしかしたら、アネックスに出たまま帰らないシングルもいるかもしれない。離れで暮らす「部屋住み」のおひとりさまだ。それなら〝スープの冷めない距離〟で親子をやっていられる。

家族は拡大もするが、縮小もする。日本の住宅は拡大期に対応していたが、縮小期のことは考えに入れていない。超高齢化の今日、家族の縮小期のほうが長くなっていることを、建築家は自覚する必要があるだろう。

コレクティブハウスという選択

自分だけの家があるひとはいい。だが、メンテナンスにテマもヒマもかかるだけでなく、要介護になったときに不安がある。老人施設の個室は6畳からせいぜい10畳程度で狭すぎる。それにまだ、24時間介護が必要な状態ではない。

そういうひとのために、シニア向けのコレクティブハウス（協同居住型集合住宅。各自の個室のほか、食堂などの共有スペースをもち、食事づくりや掃除など生活の一部を入居者が共同で行う）という選択がある。ケア付きの有料老人ホームではない。

介護保険以前に建てられたケア付き有料老人ホームは、分譲にせよ終身利用権付きにせよ、入居一時金が高く、月額利用料も高すぎた。数千万円にのぼる入居一時金は、都会ならマンションを購入できる価格だ。そこまで資産に余裕のある層はかぎられる。持ち家を処分してという選択もあるが、それには子どもが反対する。ときには、施設の理事長がおカネを持ち逃げしたりする不祥事もあり、倒産などされたら明日から行き場がなくなる。いったん入居したら、おいそれと住み替えはできないから、リスクの高い選択である。

しかも要介護になってからの、ケアの質の管理ができない。現在のようにケアマネージャーもいなければ、外部からの監視も入らない。どんなに見かけが美しくても、その背後に〝縛る介護〟やおむつ交換の回数制限など、訪れる家族にさえ見えない虐待や放置があることは、体当たり潜入ルポで有名な大熊一夫さんのレポート(『ルポ老人病棟』朝日新聞社、1988年／同朝日文庫、1992年)でも知られている。ケアの質と料金とは相関しない、ケアサービスに市場淘汰ははたらかない、というのが、残念ながらこれまでの歴史が教える事実だった。

往年のケア付き有料老人ホームは、結局、中流以上の階層のひとびとの、世間体のよい〝姥捨て山〟の役割を果たしたと思う。

それなら、安心してひとり暮らしができる場を確保するにはどうすればよいのか。それに対する答えが、コレクティブハウスである。すでにこの道のパイオニアが、自分の生身で実験してくれているので心強い。ルポライターの寺田和代さんと島村八重子さんとの共著『家族と住まない家』(春秋社、2004年)は、その先進例をレポートしたものである。そのなかから、わたしも訪れたいくつかのケースを紹介しよう。

シングル女性のための都市型集合住宅

神奈川県にある「ＣＯＣＯ湘南台」はそのひとつ。駅から徒歩15分にある住宅地のなか、９１３㎡の借地に２階建て総面積４８４㎡の瀟洒《しょうしゃ》な集合住宅が建っている。個室は平均25㎡、それに共有スペースとしてダイニングとアトリエがついている。

この集合住宅をゼロから計画してつくりあげた西條節子さん（70代）は、非婚シングル。だれにも頼ることができなかったので、ずっと働いてきたが、この世代のシングル女性の経済力には限度がある。そもそも彼女のプランには、自分と同じようなシングルの女性が老後を迎えたとき、自分の経済力で入居でき、年金で生活を維持できる程度に負担を抑えたいという意図があった。

彼女の居室（25㎡）の入居金は３７０万円。月額利用料は食費込みで約13万６０００円である。これならシングル女性でも手が届きそうだ。

40代から地方議員を経験した西條さんは、市民運動の組織力ならお手のもの。ありとあらゆるネットワークを活用し、白紙の段階から各分野の専門家を集めて智恵をしぼってもらい、入居者同士の交流を深め、コストを下げるために手をつくした。

地方へ行けば地価も安く、コストは抑えられる。だが彼女たちには、**高齢者こそ地域に開かれた都市生活を**というポリシーがあった。

探しまわって、駅から商店街を歩いて15分という現在の土地を、地主さんの共感を得て20年間の借家契約（更新料なしで更新可能）で借りられたのは、西條さんのネットワークと熱意のたまものである。

個人では得られない豊かさと安心

建ぺい率60％の敷地には、広々とした家庭菜園があり、ガーデニングが楽しめる。庭に面したテラスには大きなテーブルがあって、屋外の空気にふれながら時間を過ごすこともできる。ふつうの庶民に手が届く負担で、こういう個人では得られない豊かさと、やはり個人では得られない安心とを得られるのだ。

朝食は各自で、昼食は希望者だけ、夕食はいっしょにダイニングでとる。食事は自分の部屋に持ち帰ってもよい。体調が悪ければ部屋まで配達もしてくれる。近くに生協系のワーカーズコレクティブ（メンバー全員が出資して共同経営者となり、労働をも担う協同組合方式の非営利組織）があり、主婦の経験者たちが材料と価格に配慮しながら〝おふくろの味〟をつくってくれる。わたしもお相伴させていただいたが、かざりけのない家庭的なおいしさだった。

ここでなら、ひとりでいたければひとりでいることもできる。だれかと会いたいときは、共有スペースに出てくればよい。

2階のダイニングには入居者とその紹介者しか入れないが、1階のアトリエにはひっきりなしに訪問客が訪れてにぎやかだ。アトリエは、COCO湘南台の運営母体であるNPO法人「COCO湘南」の事務所にもなっており、建設段階からかかわっているスタッフやボランティアが出入りしている。年に数回は、ダイニングを開放してイベントも実施される。

そもそもシングルの女性のためにつくられたコレクティブハウスだが、現在はここに男性も入居している。視覚に障害をもったひともいるし、すでにここで最期を迎えたひともいる。実際に多様なひとたちが暮らしはじめてみると、障害をもったひとの暮らしも、ターミナルケアもできることが、ひとつひとつ経験からわかっていった。そういう経験の蓄積は、自分もまたこの場所で最期まで過ごすことができるという自信につながる。

寝たきりになっても住みつづけられるか？

わたしがいちばん気になったのは、認知症になっても、寝たきりになっても、同じ場所に住みつづけることができるか、ということだった。

「ええ、わたしたちもそれを考えています」

というのが、西條さんの答えだ。そのために往診医や訪問看護ステーション、医療機関とのネットワークづくりもすすめてきた。最期まで住みなれた居室で過ごすか、病院に入院するか、本人の希望しだいでどちらも選べるという。

一般の有料老人ホームは、「生活的自立ができること」を入居時の条件にしているところが多い。それならたんなる高級なシニア住宅というだけの話。要介護度が重くなった高齢者には「介護室があります」と胸をはるが、超リッチな韓国のシニアタウンでも、アメリカ西海岸のシニアコミュニティでも、「介護室」とよばれるのはカーテンで仕切られた狭いベッドだった。それがイヤなら、自分のカネで自室に来てくれる派遣の介護人を雇うほかない。せっかく終の住処と選んで移ってきたのに、要介護の状態になれば個室から移動して、介護のつごうに合わせて一カ所に集められる。

そういう有料老人ホームで、さらに「ターミナルケアは?」と聞くと、「安心です、提携している病院がありますから」と答えが返ってくる。つまり終末期は病院で迎えることが最初から予期されているのである。これならかつての措置の時代のように、カラダが不自由になるにつれて軽費老人ホームから老人保健施設や養護老人ホームへ、さらには特別養護老人ホームへ、最後には病院へ、と移動させられる高齢者の運命は変わらない。カネで5つ星の住居は買えるかもしれないが、5つ星のサービスは保証されない。

介護をアウトソーシングする試み

介護保険の在宅支援サービスは、コレクティブハウスの個室でも受けられる。介護保険がなかった時代のように、施設単位で介護サービスを完結しなくても、介護をアウトソーシングすればよいのだ。だからこそ、介護資源が豊富で、かつ選択肢のある都市に住みつづけることの意味もある。

この考え方を大胆にグループリビングにもちこんだのが、NPO法人「MOMO」の代表、又木京子さん。彼女は神奈川生活クラブ生協の福祉ワーカーズコレクティブから出発して、生協から独立し、独自の福祉NPOを設立した。グループリビングとは、高齢者が互いに助け合いながら共同生活をすること。運営主体によって、賃貸アパート形式から下宿スタイルまで、さまざまな居住形態がある。

MOMOの運営する施設は5カ所あり、最初につくられたのが「サービスハウスポポロ」。ここでは、要介護の高齢者や障害者に、個室からなる集合住宅を提供する。極端にいえば、部屋貸しの不動産業だ。ひとりひとりの利用者に必要な介護サービスは、それぞれにケアマネージャーがついて、複数の供給主体から選択・調達する。

もちろんポポロでも、食事、デイサービスなどの介護保険事業、介護保険対象外のショートステイや生活支援サービスなどを提供しているが、利用者は他の事業者と比較しながら、それらを組み合わせて利用すればよい。いいかえれば、利用者を囲いこまず、自分たちも他の事業者とのあいだの健全な市場競争で生き残ればよいというのが彼女たちの考えだ。自分たちのケアに自信がなければ、なかなかできることではない。こういう風通しのよい考え方だと、介護の密室化が防げるし、ケアの質も維持できる。

この考えからいけば、厚労省のいうホテルコストも納得がいく。住んでいる個室に居室利用料が発生するのは当然、それに加えて利用者が必要なサービスを複数の選択肢から選び、応益負担をする……なるほど合理的な考え方だが、それならそもそも介護保険をひとり暮らしの高齢者が在宅で生活できる水準に改革すべきだろう。

現行の介護保険は、ひとり暮らしの高齢者を基準にはつくられていない。介護をする家族がいることが前提で、その負担を軽減する目的でつくられたものだ。ひとり世帯がこれからますます増え、いやおうなく、ひとり暮らしが高齢者の標準になることが予想されるのだから、制度設計をひとり暮らしに合わせるべきだろう。

豊かな自然環境を満喫できる終の住処

シニア向け集合住宅の実験例は、ほかにもある。有名なのは、故・駒尺喜美さんたちが伊豆につくった「ライフハウス友だち村」。駒尺さんは、非婚シングルの日本文学者。フェミニズム文学批評の先陣を切った『魔女の論理』（エポナ出版、1978年）や『紫式部のメッセージ』（朝日新聞社、1991年、新版2005年）で、溜飲を下げた読者も多いだろう。

彼女は20歳以上年長の小西綾さんと同居し、小西さんの介護と自分自身の老後のために、早い時期からおひとりさまの住まいのあり方を模索してきた。長年の準備期間を経て実現した「友だち村」で、90代の小西さんを見送った。

そして2007年5月、ご本人も82歳で永眠された。持ち前のエネルギーと楽天性で思うままの人生を闘いとり、わたしたちおひとりさまの後輩に智恵と工夫を残してくれたすてきな先輩のひとりである。

友だち村は、伊豆箱根鉄道修善寺駅からタクシーで約15分。風光明媚な田園地帯の流域沿い、姫之湯という温泉がわき出る河岸にある。女性の建築士が設計した6

階建て全3800㎡の半円形の建物が中庭をとりかこむ。食堂、集会室、共同浴場、一時介護室などの共有スペースのほかに、個室が大小42室、そのほか来客用の宿泊施設もある。

入居金は、40㎡前後から100㎡を超える広さまで、個室の面積に応じてちがう。40㎡前後の居室なら1000万円台ですむ。月額の管理費は5万円。食事は朝食から頼めるが、各自が必要に応じて申し込む(費用は別途)かたちだ。

それでも、COCO湘南台にくらべれば高いと感じるかもしれない。だが温泉利用権付きの広大な敷地、ぜいたくな空間、共同利用できるさまざまな施設や設備等々を含めた負担がこの金額、と考えればどうか。

どこかの保養施設のような豪華な建物、すばらしい自然環境、毎日入れる温泉、新鮮な地元の食材……と聞けば、夢のような終の住処と思えるかもしれない。事実、入居しているひとたちの満足度は高い。あとは都会か地方か、ライフスタイルの好みの問題だろう。

都会に住むか、地方で暮らすか?

これまでみてきたように、コレクティブハウスにも大きく分けて「都会か、田舎か」という2つの選択肢がある。どちらを選ぶかは考え方しだいだが、それぞれのちがいについては、前もって頭に入れておいたほうがよい。

ライフスタイルや価値観のちがいをどう考えるか

田舎暮らしならではの、おいしい空気と水、心をなごませる自然環境はなににものにも代えがたい。あとの判断基準は、第1に人間関係、第2に介護資源であろう。

第1の人間関係からいえば、友だち村のようなロケーションでは、入居者のあいだで人間関係が完結する傾向がある。都会から離れているために、訪問客もそうしょっちゅうは来られないし、こちらから出かけていくのもひと仕事である。加えて入居者全員が地域にとっては〝新住民〟だから、地域との交流も薄い。友だち村でもそれを意識してか、だれでも歩ける遊歩道を河岸につくって地元の住民と溶けあおうとしている。

農村型の地域の住民は、都会で働きつづけてきたシングル女性とは、ライフスタイルも価値観もちがう。地域からは超然として、入居者のあいだで関係も機能も自己完結するという生き方も可能だろう。友だち村のように戸数が42戸あれば、そのなかで人間関係のじゅうぶんな選択性があるといってもよい。そのために、友だち村では、渉外委員会やイベント委員会など、入居者同士の交流や活動を促すしくみをつくっている。

また、小西綾さんの口癖だった「わかった」にちなんで、集会室を「わかった会館」と名づけ、折にふれゲストを招いてイベントを開催している。来客用の宿泊施設は、そのためのゲストルームでもある。もちろん、友だち村を参考にしたいひとたちの見学も絶えない。イベントやゲストルームなどの仕掛けで、都会から同好のひとびとをまねきよせるあれこれにも怠りない。駒尺さんや入居者のだれかれを慕ってやってくる若いひとたちもいる。都会から離れていても、都会の風をまねきよせればそれでよい。

田舎にいることと自然のなかにいることとは同じではない。自然環境を満喫しながら都会的なライフスタイルを維持し、地域と同化しなくてもよいというのも、ひとつの考え方だ。

イヤなひととつきあわなくてすむ都会型

他方、都会型のロケーションだと、人間関係が内部で完結しなくてすむ。気安く外に出ていけるし、来客も気軽に訪れることができる。入居者のあいだでサークル活動を促進しなくても、もともと地域にある各種の文化施設や市民活動をそのまま利用すればよい。芝居や映画にも気軽に行ける。都会には文化資源があふれている。イヤなひととはつきあわなくてもすむし、好みのちがうひとを無理に誘わなくてもよい。

九州のある地方都市で、中庭とりっぱな集会室を共有スペースとしてもった集合住宅のコミュニティ形成を調査したことがある。入居者のためにつくられた集会室は、実際には、入居者にはほとんど使われておらず、近隣の住民がお稽古ごとの場所として借りていた。その集まりに、ひとりかふたりの集合住宅の居住者が参加しているだけだった。つまり、住居をすでに共有しているのだから、それ以上さまざまな活動まで共有する必要はない。いっしょに住むひとと、いっしょに遊ぶひと、いっしょに働くひとは同じでないほうがよい、という考え方なのだろう。

多くの都市住民は言わず語らずのうちに、とっくにそれを実践しているようにみえる。5時までいっしょに働くひととは、5時以降はつきあわない。遊ぶときはべつのひとと遊びたい。そう考えるひとが増えたから、社内イベントや社員旅行が低調になったのだろう。事実、義務や強制がなければ、この種のイベントに自発的に参加する社員は少ないのではないか。

建築家は、空間を共有することでコミュニティ形成がすすむと考える傾向があるが、実際の都市型コミュニティはもっと複雑な要因でできている。仕事も暮らしも遊びも行事も同じ仲間と共有するといった、団子のようなひとかたまりのムラ的な共同体に郷愁を感じるひともいるかもしれないが、ほとんどの都会人はそんなところに戻りたいとは思っていない。その点では、コレクティブハウスは建物のつくりだけでなく、そのロケーションが思いのほか大切な要因なのである。

都会ほど介護サービスの選択肢は多い

もうひとつの基準は、介護資源である。人口の集中する都市部ほど、行政も民間企業も、NPOや非営利の市民組織などでも、介護資源の選択肢が多いことはだれしも認めるところだろう。ケアの質が健全な市場競争に依存するとしたら、**介護資源の選択肢が多いかどうかは死活問題だ。**

介護保険の初期には、「保険あってサービスなし」といわれた。今日でも過疎地には、介護サービスの担い手を欠くためにサービスの不足している地域がある。自然環境を求めて地方で暮らしはじめたひとたちのなかには、要介護状態になってから都会へ戻る選択をするひとがいる。その背後には、地域の介護資源の過疎がある。「友だち村」のような施設で、介護資源を内部調達するか、それとも外注するかは大きな選択だ。「友だち村」にも一時介護室はあるし、地元の病院との連携もある。だが介護サービス事業を独自に運営しようとすれば、入居者の需要だけで採算ベースにのるかどうかに不安が残る。かといって外注するには、地域の介護資源の質・量に対する信頼がなければならない。市街地にある「ポポロ」のように、複数の選択肢からサービスを組み合わせ、互いの競合を促進するといった戦略はとれそうもない。

地方にも、社会福祉協議会（以下、社協）が提供する在宅支援サービスやデイケアなどがある。だが、地元のひとたちが担い手となる訪問サービスでいやがられるのは、ケアワーカーを選べないだけでなく、プライバシーが漏れることだ。介護は、カラダにもココロにも、そして人間関係のうえでも、いちばん敏感なところにふれる。介護サービスを、あえて自宅から遠い事業所に頼むひともいるくらいだ。

異文化交流は楽しいか苦痛か？

デイサービスにも異文化がある。企業の定年退職者が、商店主や職人など、自営業者を中心とする地元の老人会に溶けこめないように、何十年も生きてきた高齢者には、学歴、職業、結婚歴、価値観など、それぞれの生活文化のちがいがある。

わたしが仕事場をもっている八ヶ岳山麓には、地元の社協が運営する温泉付きのデイサービスセンターがある。その利用者の大半は農家世帯の高齢者だ。このところ急激に増えた都会からの新住民も、高齢化にともなって同じデイサービスの利用者になってきた。ほかに選択肢がないからだ。

べつべつの人生を歩んできたひとたちが、要介護状態になってから、ふたたび交わりあうのは美しいだろうか。ライフスタイルがちがえば、お互い異文化だ。異文化交流が好きなひともいるだろうが、そうでないひともいる。高齢になって柔軟性を失えば、異文化との接触が苦痛になる場合だってあるだろう。

こういう異質なライフスタイルの交流は、思えば小学校以来のことかもしれない。小学校では、多様な家庭文化を背景にもつさまざまな子どもたちが、ごった煮状態で交わりあっていた。だがそれ以降、子どもたちは偏差値によって輪切りにされた集団のなかで成長し、長じてのちも同業の職業集団のなかで人生を歩む。

こういう異文化交流も、本人がそれをのぞんでいなければ強制や押しつけになる。それをイヤと言えないのは、ほかに選択肢がないことが理由のひとつ。もうひとつの理由は、周囲が高齢者の自己決定能力をあなどっているからだろう。

いまさら男の顔色をみるのはイヤ

企業の定年退職者たちと地元の老人会のメンバーたちとが水と油で、互いに接点がないことはもっと早くから気づかれていた。各地の自治体が〝高砂大学〟とか〝長寿セミナー〟とかをどんどんつくっていったのはそのせいだ。

サラリーマン経験者は、教えるのも教えられるのも好き。まして高学歴者だと、〝お勉強大好き〟の学校化社会の価値観が骨の髄までしみこんでいる。揶揄《やゆ》しているわけではない。事実をありのままに認めて、そのひとたちの生活文化に合わせた受け皿をつくればすむ。

さらにジェンダーの視点からみれば、老人会も高砂大学もどちらも男優位集団だ。歳をとってまで男の顔色をみるのはもうイヤ、と多くの女性が思っても無理はない。とりわけシングル女性たちは、男のきげんをとるのにあきあきしている。

デイサービスも小規模多機能型が地域に複数あって、選択できればよい。にぎやかなのが好きなひとはイベントの多いデイサービスへ。静かな雰囲気が好きなひとは、「さあ、みなさんごいっしょに」を強制されないデイサービスへ。こんな選択肢があることも都会のメリットである。

都会か、田舎か。どちらも一長一短があって、選択には迷う。ホントをいえば、豊かな自然環境を満喫しながら、都会ライフが送れるのがいちばんよい。わたしは、八ヶ岳山麓で〝新住民用〟のミニデイサービスを開設できたら、というささやかなのぞみをもっている。そうすれば要介護になったときも、新住民たちは都会へ帰らなくてすむだろう。

個室は介護の基本

ヴァージニア・ウルフは『私ひとりの部屋』（村松加代子訳、松香堂書店、１９８４年）で、女が自立するための条件は、年に５００ポンドの収入と、「私ひとりの部屋」がぜったいに必要だと書いた。１９２９年のことだ。これはいまでも真理である。

はじめて自分の個室をもてたとき、夫婦別寝室にして好きな本を明けがたまで読みふけってもよくなったとき、どんなに解放感を感じたことだろう。子どものころ、はじめて個室をもらったときのうれしさを覚えているだろうか。ましていまどきのカップルは、妻も夫も、ものごころついて以来、子ども部屋という名の個室を与えられている。

個室を経験した身体は、もとのように雑魚寝《ざこね》文化へは戻れないというのがわたしの考えだ。日本はもともと雑魚寝文化だったといったって、短期間で世代交代してしまえば、「そんな経験、子どものときからしたことないもん」というひとたちが育っている。

個室で育った若いカップルのなかには、新婚のときから夫婦べつべつに個室をもっているひとたちもいる。どんなに親しくても、他人の気配を感じては眠れないというひともいる。熟年になってから寝室を分ける夫婦とちがって仲が悪いわけではない。

いったんある空間にカラダがならされてしまうと、その身体感覚は、ちょっとやそっとでは変えられなくなる。戦後住宅の基本となったｎＬＤＫが、家族の人間関係を規定したと論じる建築家がいる。それと同じく、個室を経験した子どもたちも、あと戻りできない身体感覚をもっていると思う。

施設でもすすむ個室化

三好春樹さんというカリスマ理学療法士がいる。

このひとは、なにが気に入らないのか、新型特養こと、個室を原則としたユニット型ケアを実践する特別養護老人ホームを親のカタキのように撲滅しようとしている。日本の年寄りには個室などいらない、他人の気配を感じながら雑居部屋にいることが本人にとっても幸せだというのだ。

よく読むと、三好さんの仮想敵は「なんでもユニットケア」という厚生労働省主導の画一的な押しつけにあり、個室でも雑居部屋でも、選択肢があるならよい、というものらしい。なあーんだ、それならそうと、もっとおだやかに「ユニットケアが悪い」と誤解されるような言い方ではなく、「ユニットケアの押しつけがけしからん」と言ってくれればよいのに。

ユニットケアは、もともと養護老人ホームを〝療養〟の場ではなく、〝生活〟の場ととらえたところから出発したもの。**暮らしの場なら個室が原則。**10室程度の個室の集合を1ユニットとして、共同のお茶の間のようなコモンスペースを共有するというスタイルを福祉先進国スウェーデンから学んで日本にもちこんだのは、建築家の故・外山義《とやまただし》さんだ。

三好さんは、「だから近代人はどうしようもない」と慨嘆する。「ヨーロッパのまねばっかりして」とも批判する。

ンなこといったって、いまさらしかたがない。日本が近代化してからもう100年以上たつのだし、ヨーロッパ風に椅子とテーブルの暮らしをはじめてからも半世紀。いまさら畳の部屋でちゃぶ台を囲む暮らしには戻れない。それどころか、ちゃぶ台の歴史だって大正期の都市住宅のもの。それ以前は、いろりを囲んで食事をしていたし、都市の商家では、銘々御膳を前に正座してごはんを食べた。正座できない子どもが育っているのを嘆くことはない。そのうち正座は、特殊な身体技法や、自虐的な趣味のひとつになることだろう。生活習慣も、身体感覚も、そのくらいあっけなく変わるとわきまえておいたほうがよい。

「個室がいい」のはお年寄りも同じ

個室か雑居部屋か、自由に選べるとすれば（これが問題だ！）、わたしなら個室を選ぶ。

「だから近代人は……」と三好さんから言われそうだが、これまでの調査で、個室と雑居部屋の両方を経験した入居者は、例外なく、「個室のほうがよい」と答えている。「最初は慣れなかった」というひともいるが、「住みなれると、ぜったい個室」という答えが返ってくる。

だが問題は、2006年の介護保険見直しで、個室にホテルコスト（居室利用料）が発生し、雑居部屋よりコストが高くなったことだ。これまで2、3万円ですんでいた月額利用料が、いっきょに7、8万円から14万円程度にまで値上がりするケースもある。利用料が負担できなくなって、個室から雑居部屋へ移らざるをえない場合も出てきた。

「自由に選べるとすれば」に経済力がかかわってくるとなれば、利用料負担を気にして家族の顔色をうかがい、「やっぱり雑居部屋のほうが……」と言い出すお年寄りも出てくるだろう。それどころか、家族が本人の代理で選択する場合も多い。「自由に選べる」というのは、①まず選択肢があり、②両方をくらべる経験ができ、③経済的に可能であり、④自分自身で決定できる、という条件を満たさなければ、成り立たない。

三好さんはそれに加えて、痴呆症になれば（彼は「認知症」というご都合主義的ないいかえをきらって、「痴呆症」ということばを使いつづけているので、それに従う）、〝近代的自我〟などどんどんこわれていくから、自我の境界の低くなった痴呆の高齢者同士は、やはり個室より雑居部屋がよいという（『ブリコラージュとしての介護』雲母《きらら》書房、2001年）。だが、それだって本人に選んでもらわなければわからない。

なに、認知症のお年寄りに自己決定能力があるかって？

両方を経験してもらって、本人の反応をケアの専門家が判定すればよい。その反応を読みとれるのがプロというものだろう。選択肢を与えないで、こちらがよいというのは思いこみにすぎない。

ユニットケアの最大の問題点は、介護するひとの目が届かないこと。現行の厚労省の基準は「入居者3人に職員1人」の人員配置だが、職員は24時間勤務をするわけではないから、8～10室を1単位とするユニットはほとんどの時間〝ひとり職場〟となる。それだけの数のお年寄りの生命を預かって朝までひとりで夜勤をこなすことを考えるだけで、わたしなど足がすくむ。

ユニットケアを、介護するひとにも介護されるひとにも快適な空間に変えるには人手を増やすしかない。個室や建物が悪いのではない。問題はカネと人手を出し惜しみする福祉行政のほうだ。そのツケがユニットケアたたきにまわっているとしたら実に不幸なことではないか。

個室にかかるカネは高いか安いか？

ユニットケアの利用料がたとえば月額14万円として、この金額は高いだろうか。考えてみれば、ひとつのユニットが10室程度の個室で、24時間介護付き、トイレ・入浴介助付き、それに3食付きなのだから、1カ月14万円は高いとはいえない。もしこれが、3食・風呂付き、まかない付き、それに見守り付きの学生アパートなら、親は子どもを安心して預けるだろう。**子どもには無理しても出せるおカネが、年寄りには出せない**ということなのだろうか。下宿させるなら、下宿料がかかるのはあたりまえ。自宅にいるひとが住宅費や光熱費を個人負担しているのに、特養の入居者が居室の利用料を負担しないのは不公平という理屈は、屁理屈ではあるが、わからないでもない。

それなら自宅へ戻ってもらったらよい。家族がいさえしなければ、住宅のすべてが〃わたしの個室〃だ。

地域に在宅支援の介護体制さえあれば、かなりの程度の要介護者でも在宅でやっていけるのは、北欧で証明ずみ。その選択肢がないところで、個室ユニットケアの利用料だけを上げるというのを〃年寄りいじめ〃というのだ。しかも新型特養推進策でユニットケアを、という厚労省のかけ声にのせられ、〝先進ケア〟を推しすすめた施設にとっては、今回の政策転換は、〝2階に上ってから梯子《はしご》をはずされた〟思いだろう。日本の福祉現場は役人の思いつきにふりまわされている。

在宅か施設か、の二者択一を迫るのもアタマが固い。現在は「中間施設」とよばれる「通所型」が増えている。家にいたいときは家に、ひとに会いたいときはひとに会いに出かけることが選べたらよい。要はそのあいだのバランスだ。

重度の要介護高齢者が入居している特養では、6割以上が認知症をともなっている。そのひとたちに対して、逆デイケアという試みがはじまった。

病院型の施設を抜け出して、日中、民家を改造したふつうの住宅のような小規模デイホームへと連れ出すと、確実によい効果があることがわかっている。お年寄りは、いきいきとし、活気をとりもどし、包丁を持って台所に立ったりする。

たとえ自分の家でなくても、自宅のような環境のなかでは、認知症のお年寄りもわれにかえるようだ。

評判のよいデイサービスセンターへ週2回通ってきている高齢の女性に会ったときのことだ。

「ここに来るのが楽しみで」

という彼女に、「毎日来たいとは思いませんか」と聞いたら、こんな返事が返ってきた。

「そうねえ、週に2回くらいがちょうど、ね」

それ以上だと疲れるんだそうである。そりゃそうだろう。家にいるのがいちばん、でもたまにはひとと交じわりたい。ひとと会うのは楽しいが、緊張もするし、疲れもする。で、週に2回がちょうど、なんである。家族のほうは、毎日でも行ってもらいたいふうだったが、このペースが彼女の〝選択〟なのだ。

安全な暮らしをどう確保するか

（安全はおひとりさまの必需グッズ）

住まいが確保できたら、次は暮らしの「安全」をどう確保するかだ。死ぬときには抵抗してもはじまらないが、生きているあいだは怖い思いはしたくない。犯罪被害者にもなりたくない。

女と子ども、それにお年寄りは被害者になりやすい。「抵抗しないし、かんたんそうだ」と思われるからだ。女で年寄りで、しかもひとり暮らしとなれば、安全と安心は必需グッズだ。

「水と安全はタダ」といわれてきた日本でも、このところ治安が悪化してきた。ほんの少し前まで田舎では、家にカギをかけずに外出するのはあたりまえだったし、クルマのキーをつけたまま路上駐車して、用事をすませることもざらだった。キーをつけたまま放置してクルマを盗まれた場合、そのクルマが事故を起こせば、持ち主も責任を問われることはごぞんじだろうか？　たとえ盗難の被害者であっても、クルマを盗まれたことに責任があるという理屈だ。

実際にはメディアがあおりたてるほど、日本では凶悪犯罪や殺人事件が増えているわけではない。新聞には猟奇的な事件があふれているが、自分の身のまわりで起きたわけでもないのにむやみに怖がってもしかたがない。調査によると、新聞をよく読むひとほど世の中に対する不安感が強いことがわかっている。

ゆきずりの犯罪が増えている

ポストモダン犯罪の新しい動向は、加害者と被害者とをつなぐ「動機の糸」がないこと。それまでの犯罪はほとんど、怨恨や報復など、顔見知りのあいだで起きている。顔見知りのなかでも、自分を殺す可能性がいちばん高いのは家族である。アメリカでは、「配偶者とは、自分を殺す確率のもっとも高い他人のことだ」というジョークまである。このところ、ばらばら殺人のような事件が起きているが、いずれも夫婦や親子など家族のあいだの犯罪。家族と離れて暮らしているおひとりさまは、もっとも危険な他人から離れていられることになる（笑）。

通り魔殺人や強盗殺人の場合、加害者はよく「だれでもよかった」と言う。愛知県豊川の高校生が家に押し入り、60代の女性を殺害した事件でも、やはり「だれでもよかった」のだが、「老女だと抵抗が少なくてかんたんそうに思えた」という。酒鬼薔薇聖斗こと、14歳の少年Aは、校門前に被害児童の頭部を遺棄する前に、複数の幼女をかなづちで殴って頭蓋を陥没させた。これも抵抗しなくてかんたんそうだったから。ひったくりの被害者に多いのも、女性、わけても高齢女性である。

老女を体験してみれば……

老年学の研究者、パット・ムーアに『変装』（木村治美訳、朝日出版社、1988年／新版『私は三年間老人だった』同訳・同社より2005年）というレポートがある。20代のパットは、加齢メイクで80歳以上の老女に変装し、身につけるものもふるまい方も高齢者を模倣してストリートを歩きまわった。とたんに若者にはカラダをぶつけられるわ、バッグはひったくられるわ、さんざんなめにあう。バッグをカラダの前にかかえてよぼよぼ歩くようになったパットには、ひったくりが襲ってきたときの身体的な恐怖感がトラウマのようにしみついた。ヒールで闊歩《かつぽ》していたときにはついぞ覚えたことのない恐怖感だ。

「都会で老女であることは危険なことだ」というのが、彼女の実験結果のレポートである。これは1970年代末のニューヨークでのことだが、日本もしだいにそうなってきていないだろうか。

弱い人間につけこむのが犯罪者というものらしい。屈強の男性はあまりねらわれない。わたし自身、治安の悪い外国を旅行するときだけは、どんな男でもいいから男の顔をした同行者といっしょにいるほうが安全かも、という気分になる。

身を守るためのルールは自分で決める

事実、おひとりさまの先輩たちは、安全に心をくだいている。

第1章でご登場ねがった70代の君江さんは標高1600mの山荘に住み、自分を「山姥《やまんば》」とよぶ剛毅《ごうき》な女性だ。その彼女も、「泥棒は怖い」という。100戸ばかりの別荘が点在するその地に一年を通して暮らしているのは、彼女を含めて3世帯ほどで、単身者は彼女だけ。隣家は、大声を出しても届かない距離にある。

君江さんが心がけているのは、灯火管制。

夜はまっくらやみになる別荘地のなかで、一戸でも明かりがともっていれば、ひとはそれに吸い寄せられる。八ヶ岳の登山口にあたるその別荘地には、ときどき下山途中に道に迷った登山客がまぎれこんでくる。何年か前に、真夜中近くドアをたたく男の声がして以来、彼女は明かりが漏れないように家じゅうのカーテンをびっしりはりめぐらせて灯火管制に徹することにした。

「なにしろ戦中派ですからね。灯火管制には慣れてるんですよ」と笑う。

暗くなったらドアは開けない。

これが彼女が自分に課したルールである。

丘の上の豪邸にひとり暮らしをする60代の佐代子さんはもっと徹底している。

暗くなったら外に出ない。

困るのは、彼女をディナーのお誘いに連れ出せないこと。ランチならOKなのだが、だれが潜んでいるかわからない暗い家にひとりで入るのがイヤなのだという。

周囲が「クルマでお送りしますから」「おうちに入るところまでごいっしょします

ない。毅然としたものである。

から」と言ってもガンとして首をタテにふらない。

彼女は自分の寝室を内側から施錠できるようにしたうえで、警備保障会社のホームセキュリティサービスと契約している。なにか気配がしたときに時間をかせぐことができるように、という配慮からである。隣家から離れた自然のなかでひとりで暮らすのは覚悟のいること。だれでもない自分が自分に課したルールだからくずさない。毅然としたものである。

田舎暮らしと都会暮らし、どちらが危険？

自然のなかでひとり暮らしをするときに怖いのは、自然ではなく、人間である。かさこそという音や生き物の気配にはっとして夜中に目がさめても、センサーライトを横切って行ったのがたぬきだとわかれば安心する。人間のほうがよっぽど怖い。

赤城の山のなかでひとり暮らしをしていた、評論家で陶芸家でもある故・俵萠子さんに話を聞いた。昼間は彼女がこの地に設立した美術館のスタッフや陶芸教室の生徒さんたちの出入りがあってにぎやかだが、夕方になればみんな家にひきあげる。あとは犬と俵さんだけ。3000坪の広大な敷地。隣家までは遠い。月のない夜はまっくらやみだ。

心配する俵さんに、知人の男性がこう言った。

「あんたが怖ければ、向こうだって怖いんだ。暗ければ明かりをつけてくるしかない。それもこんなに人里離れたところへはクルマで来るほかない。ライトを消して運転するわけにはいかないから、ライトをつけたクルマが近づけば、かならずわかる。それから考えたって遅くはないよ」

それを聞いてハラがすわった、という。

季節はずれの別荘地で、あるじのいないお宅に入りこみ、ちゃっかり冷蔵庫の食べ物などを失敬して住みついていた窃盗犯の話が報道されたことがあったが、別荘地での犯罪は実はそれほど多くない。たぶん金めのものが置いてないことに、泥棒だって気づいているからだろう。家は動かせないし、家具や家電製品を運び出すのもたいへんだ。

ほんとうは都会のほうが犯罪率は高い。人口集積率の高いエリアのほうが、組織犯罪者にとっても効率的だろう。一戸建てで暮らす不安も都市部のほうが大きいかもしれない。俵さんの著書（『子どもの世話にならずに死ぬ方法』中央公論新社、２００５年）に、ひとり暮らしの女性が自宅へ帰ったとき、奥の部屋から空き巣ねらいの男がこつぜんとあらわれて凍りついたというエピソードが出ていた。この女性はこれがトラウマになって、ケア付きの集合住宅へと転居を決めた。他人の気配がある空間で、やっとほっとして眠れるようになったそうだ。

かといって隣家と壁一枚へだてているだけ、という集合住宅も安全とはいえない。どのお宅も留守がちだし、隣近所のつきあいもない。

安全と安心の感覚はひとそれぞれ。万全の準備を怠らないのはいいが、過剰にぴりぴりする必要もなさそうだ。

安心はカネで買える？

なにもケア付き住宅へ移らなくても、セキュリティのいいマンションを選べばよい。「安全がタダ」ではないアメリカでは、ドアマンの数でコンドミニアムの値うちが決まる。24時間、住人の出入りをチェックし、見知らぬ顔はかならず居住者に確かめてからでないと建物に入れない。これではプライバシーはないも同然だし、浮気をしたいときはどうするのかしらね、とよけいな心配までしたくなる。

ニューヨークで転居するとき、引っ越し先のドアマンひとりひとりにチップをあげるのを忘れないように、と注意を受けた。浮気相手の出入りも、チップでオーライとなるのかもしれない。

それにしてもニューヨークだけで、ドアマンの労働人口はどれくらいになるのだろうか。アメリカでは安全というニーズのために大量の雇用機会が発生している。ミッドタウンの高級コンドミニアムではホワイトスキンの美青年たちが、アッパータウンやロウワーイーストの庶民的なコンドではブラックやヒスパニックの男性たちが、ドアマンの仕事についている。この業界では、ふしぎとドアマンをドアパーソンといいかえろという「男女共同参画」の声は聞かない。

アメリカよりもっと物騒なメキシコでは、24時間武装警備員のいるゲーテッドコミュニティという居住区がある。

四方をぐるりと高い塀で囲まれ、クルマの出入りをゲートで警備員がチェックする中産階級向けの集合住宅群だ。塀の外の雑踏や喧噪《けんそう》をよそに、手入れの行き届いた庭と建物がならぶが、最初にここに入居したとき、なんだこれは、清潔な監獄じゃないか、と息がつまりそうになった。入居者のひとりに、どこどこへ行くのにどのバスに乗ればよいかと聞いたら、「さあ、バスには乗ったことがないのでわからない」という答えが返ってきた。

メキシコで中産階級であるための条件は、マイカーで移動すること。地下鉄やバスなど、都市交通機関で移動するひとは、どこで窃盗や強盗にあっても文句はいえないことになっている。もっと大金持ちは、武装した用心棒を自分で雇っている。

安全に対して、これほど目に見えるコストがかかる社会に暮らしてみると、「安全と水がタダ」の日本は天国。バッグのジッパーを開けたまま電車に乗りながら、自分の油断を「これが日本のよさなのよねえ」とぬるい気分でゆるしてやりたくなる。ちなみにわたしは、外国ではぜったいにそんなうかつなことはしない。

生きていればかならず危険はある

安全と監視、安心と統制（自己統制も含む）はうらはら。リスク社会は、市民がプライバシーを売りわたし、自分で自分の首を絞める社会だ。でも自分が年老いて弱者になったら、それもしかたがないのだろうか。

「安全」はいまやパッケージ商品になっているから、心配ならおカネで買える。警備保障会社に頼めばすぐに見積もりに来てくれるし、たいしたおカネもかからない。警報が鳴ったら10分以内に係員が駆けつけてくれるというが、10分は長いか短いか。

ピッキングが怖ければ、カギを電磁式につけかえればよい。セキュリティが売り物のマンションでは、生体認証などの新しいシステムを導入している。それでもだれかの後ろについて、するりと入りこむ見知らぬひとを防ぎきれないというなら、ま、そのときはそのとき。金めのものを持たないのがいちばんだ。あるだけのものをみんな持って行っていいから、けがをさせたりイノチを奪うようなことだけはやめてくれ、と言えばよい。相手だって人間だ。好きで他人を殺《あや》めたいとは（めったに）思っていないだろう。

生きていれば、かならず危険はある。それは若いか高齢かにかかわらない。家にいて強盗に入られる危険と、心臓病の持病をもちながら登山する危険とでは、後者のほうが大きいだろう。クルマや飛行機に乗っていれば、危険の確率はますます高まる。それでもやりたいことをあきらめないという姿勢に、年齢は関係ない。

事故も災難も犯罪も、予測できないリスクのひとつ。備えることはよいが、それを理由に自分の暮らしのスタイルを制約するのは本末転倒だと思う。

第3章 だれと　どうつきあうか

ひとりで、ふたりで、みんなと

「おひとりさまの老後」には、ひとりでいたいときにはひとりで、ふたりでいたければふたりで、みんなといっしょにいたいときにはみんなと過ごせる時間と空間がそれぞれあればよい。

ひとりが基本。それなら、ひとりで過ごせるひとがふたりでいても、たくさんいても過ごせる。

ひとり暮らしのひとは、ずーっとひとりでいるわけではないし、家族と同居しているひとも、いつでもだれかといっしょにいるわけではない。

それどころか、わたしが実施した九州の地方都市の調査では、子ども世帯と同居している高齢者のほとんどが、そうとう重度の要介護状態でも日中は単身世帯と同様の暮らし方をしていた（これを「日中独居」とよぶ）。つまり、いまどき四六時中、家にべったりいる主婦など期待できないということだ。子世帯が夫婦とも働きに出てしまえば、同居の高齢者だって日中ひとりでいることになる。同居か別居かという区別だけではわからないことも多いのだ。

ひとり暮らしの基本のキは、**ひとりでいることに耐性があること**。それなら、シングル生活のキャリアにまかせてほしい。他人がいたら、かえって気が散って集中できないこともある。わたしの仕事は、基本的に「読む」と「書く」の座業。昔風にいえば、錺職人《かざりしょくにん》や版画の彫師のような居職《いじょく》である。ラジオをかけっぱなしにしたり、音楽を聴きながら仕事をするひともいるが、わたしにはかえって邪魔になる。しーんとした、だれもいない空間で好きなことに集中できる時間ほど、至福の時間はない。

ひとりでいることの快楽と不安

高齢者のひとり暮らしを「おさみしいでしょう」はよけいなお世話、と書いた。実際、ひとり暮らしの高齢者のほうが孤独に耐性がある。北欧の先進福祉が日本に紹介されたころ、ひとり世帯率の高いスウェーデンでは高齢者の自殺率が高い、だから日本のお年寄りのほうが家族に囲まれて幸せだ……という宣伝がとびかったことがある。その実、高齢者の自殺率は、日本のほうがスウェーデンより高く、また、同居老人のほうが独居老人より高いことがデータからわかっている。

ひとり暮らしの達人は、ひとりでいることだけでなく、ほかのひととつながることにおいても達人だ。ひとりでいることの快楽だけでなく、不安をもよく知っているからだ。家族を中心に暮らしてきたひとは、家族が離れていくとほんとうにひとりぼっちになるが、ひとり暮らしのキャリアからいわせれば、それは家族以外の人間関係をそれまでにつくりあげてこなかったツケともいえる。

「シゴト命」のひとの老後は？

仕事中心に生きてきたひとについても同じことがいえる。仕事を離れると、仕事をつうじて結びついていた人間関係からもすっかり切れてしまうことがある。だが、こういうことは女性の場合には起きにくい。仕事を軸足にして生きるような働き方を、多くの働く女性はしてこなかったからである。**仕事に自分の生活を従属させるほどオロカではなかった**、ともいえるし、そこまでしても、どのみち男性並みには報われない職場の状況に見切りをつけて、仕事に半身《はんみ》でかかわってきたともいえる。

定年退職者の生き方について早くからルポしてきた加藤仁さんによれば（『定年後』岩波新書、２００７年）、最近、講演会場で「定年後、どうしたらいいかわからないんです」と不安をもらす女性に出会うそうだ。それで〝女の定年後〟についても考える必要を感じたという。

そういう女性もいないとはいわない。これから先は、「シゴト命」のキャリア女性や、女性起業家が登場するかもしれない。だが、男性並みに職場の権力闘争やポストの争奪戦に参加することから〝すすんで〟もしくは〝余儀なく〟降りた女性たちは、いわば早く来た定年後を生きているともいえる。

「モデル退職者」ともいうべき幸せなポスト定年ライフを送っている男性退職者たちを、関西の大企業の依頼で調査したことがあるが、彼らに共通しているのは、40代から早めに助走をはじめて、定年後にソフトランディングしていることだった。うらがえせば、人生半ばにして会社とは距離を置いて仕事と半身でつきあい、地域活動や趣味に「もうひとりの自分」を見いだしてきたのである。その結果として、あるいはそれが原因かもしれないが、彼らは職場でたいして出世していないこともわかった。

大切な友人のネットワーク

家族はやがて去る。仕事も仕事仲間もいつかはいなくなる。そのあとに残るのは、友人たちである。おひとりさまは自分の時間とエネルギーを、家族のために使ってこなかった代わりに、友人をつくり、それをメンテナンスするために費やしてきた。

友人にはメンテナンスがいる

メンテナンスのいらないのがほんとうの友人、という言い方をするひともいる。どんなに久しぶりに会っても、まるで昨日別れたばかりのように、ただちに旧交を温めることができる、それが真の友だと。

幼なじみの旧友なら、そんなこともあるかもしれない。だが、「何年も会わずにすむ」ような関係を、わざわざ「友人」とよぶこともない。必要なときに駆けつけてくれ、自分を支えてくれ、慰めてくれ、経験を分かちあってくれるからこそ、友である。だからこそ、友人をつくるには努力もいるし、メンテナンスもいる。

ついでに言っておくと、メンテナンスのいらないのが家族、と思っている向きもあるようだが、これは完全なカンちがい。家族のメンテナンスを怠ってきたからこそ、男は家庭に居場所を失ったのだ。ほうっておいても保《も》つような関係は、関係とはいわない。無関係、というのだ。

職場に友人はいなくてけっこう

わたしは、友人を精神安定剤と思ってきた。緊張を強いられる環境に置かれたら、かならず肩の力をぬく場所がいる。外国生活はそのひとつ。旅行者としてではなく、外国に仕事や留学で滞在すれば、いやおうなくストレスは高まる。研究者という業界はだれもが潜在的なライバルだ。気をぬくことはできない。わたしは自分の弱さをよく知っていたから、大学の外に友人を求めたし、そのための努力もした。グチをこぼしたり、ぐずる相手はヨソに求めるにかぎる。

よく留学生同士で結婚するカップルがいるが、そういうカップルを見ると、「そうなのね、よほどストレスが大きかったのね」と感慨がある。このところ、わたしが勤務する東京大学社会学研究室でも院生同士のカップルが増えているが、よくよくストレスの多い環境なのだろうと思えてくる。彼らは先の見通しもなく、お互いに競争のもとに置かれている。そんなきびしい環境のなかで研究を続けていれば、苦楽をともにして支え合う同志がほしくなるのも無理はない。相手が異性であればライバル意識も緩和される。だが、危機的状況が去れば、相手に対するニーズも変わる。そのときになってから、そうかんたんに相手を変えられないのが難点だが。

「職場に友だちができません」と嘆くひとがいるが、職場に友人は求めないほうがよい。同僚のあいだに友人を求めるのは最後の選択肢。同僚はいつでもあなたの潜在的なライバルだったり、評価者だったりするからだ。友人は、利害関係のない異業種に求めるにかぎる。欲得なしで、こちらを受けいれてくれるからだ。

なに、そんなにむずかしいことではない。趣味のサークルやボランティア活動に参加すれば、自分とはまったくちがう暮らし方をしているさまざまな異業種のひとびとに出会う。そのひとたちは、ただあなたがいっしょにいて楽しいという理由だけで時間をともにしてくれるはずだ。

いっしょにいて楽しいひととは?

「いっしょにいて楽しい」と思われるには、「おもしろいひと」や「話題の豊富なひと」にならなければならないと思いこむのも、カンちがいのひとつ。「話題の豊富なひと」とは、「自分からしゃべってばかりいるひと」の代名詞だから、こんなひとが好かれるわけがない。他人の話など立て続けに聞かされても、うんざりするだけだ。

あのひととといっしょにごはんを食べたらおもしろいかしらと思って、ある男性を会食に招いて、失敗したことがある。座をもりあげようと「おもしろい話」を次から次へとくりだす彼のノリに、すっかりくたびれさせられたからだ。あとで知ったのだが、関西人である彼は、それをサービス精神だと思いこんでいた。これなど、サービス精神のカンちがいである。〝関西人〟のみならず、〝オヤジ〟に多いカンちがいでもある。

「いっしょにいて楽しい」と書くより、「いっしょにいてキモチがよい」と言ったほうがよかったかもしれない。寡黙だったり、おだやかだったり、他人の話をよく聞いたり、要所でぴりりと反応を入れたりするひとが「いっしょにいてキモチがよい」。要は、きちんと相手の話を聞いてコミュニケーションがとれるということ。一方的に自分の話ばかりするひとはきらわれる。

わたしは山に仕事場をもっているが、その地に移住してきた定年退職者のコミュニティのお仲間に入れていただいている。「ちづこさん、ちづこさん」と最年少メンバー扱いされるのは、ほかでは味わえない喜び。ときどき集まっては食事をともにするが、自分の自慢話ばかりするひとや、他人の過去を詮索するひと、説教癖のあるひとなどは、その場ではにこにこ合わせているものの、次回からさりげなくはずされている。その観察力と人物鑑定眼のたしかさに、こわーと思いつつ舌をまく。

せっかく歳をとって世俗的な利害から離れているのだもの、もうイヤな相手とがまんしてつきあう必要はない。時間もエネルギーもかぎられているとなれば、キモチのよい相手とキモチのよい時間を過ごしたい。そう思えるのが、〝年の功〟というものであろう。

ハイテクが支えるコミュニケーション

会ったり、しゃべったり、ごはんを食べたりというつきあいのためには、近くにいることが条件だが、それだけがコミュニケーションではない。歳をとれば、移動はおっくうになり、困難になる。そこでハイテクの出番である。

ハイテクといえば、電気通信（つまり電話）と電子通信（つまりインターネット）。だれでも持っている電話だってりっぱな情報機器である。しかも双方向型で、ますます便利になっている。携帯電話は、同じ会社なら互いにどれだけしゃべっても無料とか、IP電話やスカイプならしゃべりほうだいとか、情報機器もずいぶん進化したし、廉価になった。

その昔、息子の嫁からの「同居しましょう」という親切な申し出を断って、ひとりでアパート暮らしを続けた高齢の女性がいたが、「おさみしいでしょう」とはなんのことか、彼女は電話で話す相手にことかかず、月に1万円以上の電話代を使っていた。いまなら通信費はもっと安くあがるだろう。そのうえ全国各地に散らばった友人たちから、季節季節の旬の味が宅配便で届き、嫁がのぞきに行くと、おみやげを持たされて帰るという豊かな暮らしぶり。足腰が弱って出かけるのがおっくうになっても、ハイテク情報通信があれば交際の手段には不自由しない。お出かけして食事をともにしても1万円くらいふっとぶのだから、ローコスト交際ともいえる。

パソコンがあれば世界はぐんとひろがる

ITは、高齢者にとって、まさに福音だ。病人や障害者への福音でもある。病気になったとき、インターネットで医療や患者団体の情報を調べたことがあるひとは多いだろう。外出や移動がむずかしくても、パソコンさえあれば世界はぐんとひろがる。病院や高齢者施設は、院内LANを利用者のために敷設して、アクセスを自由にすべきだと思う。

ALSこと筋萎縮性側索硬化症《きんいしゆくせいそくさくこうかしよう》は怖い病気だ。しだいにカラダの自由を失い、そのうち自発呼吸もできなくなって、気管切開で人工呼吸器をつけるかどうかの決断を迫られる。最後は〝ロックト・イン〟といわれる、全身がよろいのように動かなくなった肉体のなかに閉じこめられる。それでも思考力や意思力はある。最後まで動くのが、まぶたの筋肉だ。

ＡＬＳの患者さんでストレッチャーの車いすに乗ったままの生活を送っていた故・山口進一さんは、「パソコンは、わたしたちＡＬＳ患者のためにある」と断言する。彼は家電メーカーで早くから情報通信機器の開発にあたったエンジニア。自分が病気になってからは、それまでつちかった知識を総動員して、ＡＬＳ患者のためのプログラムを開発した。

まぶたの筋肉の動きに反応するキーボードや、気管切開で声を失ったあとに自分の声を復元する音声出力装置など、仲間のエンジニアとともに、カスタムメイドのソフトウエアをつくりだした。山口さんはＩＴのパイオニアだが、こういうひとたちがいてくれるおかげで、障害者用ソフトはいろいろ出まわっている。

障害者用ソフトは高齢者の強～い味方

視覚障害者で、「全盲の社会学博士」として知られる石川准さんもＩＴおたく。音声出力のプログラムや視覚障害者用のソフトウエアを次々に開発して、ウェブ上に公開した。リナックスと同じく、無償の公開だ。利用者からここの使い勝手が悪い、とさまざまなフィードバックがもちこまれ、ソフトウエアはしだいに進化しつづける。

ちなみに、東大社会学研究室には、博士号をとった石川さんに続けとばかり、視覚障害者の博士号取得者第２号が生まれ、学部にも同じような学生が進学してきた。学部生の健くんは上野ゼミ生。彼もパソコン使いだ。視覚障害者にはスクリーンの端末はいらない。キーボードとハードディスクさえあればよい。健くんはキーボードをたたきながら、「これがホントのブラインドタッチ」とユーモアの精神も忘れない。

視覚障害者用の音声出力のソフトウエアは、高齢者にとってもありがたい。キーボードが苦手な高齢者には、音声入力ソフトがあればよい。作家の水上勉さんは、晩年に音声入力ソフトを使っていたそうだ。これなら、口述筆記をわざわざ他人に頼まなくてもすむ。

聾唖《ろうあ》のひとたちのためには、画面上に手話があらわれる通訳ソフトがある。が、インターネット上でチャットやメールをやりとりしているかぎり、見えない、聞こえない、話せないは、まったくなんの〝障害〟でもない。パソコンはバリアフリーのコミュニケーションツールなのだ。

障害者のひとたちが、こういうカスタムメイドのソフトの開発に一歩も二歩も先んじてくれるおかげで、わたしたちは、そっか、足腰が動かなくなったらあれを使い、耳が遠くなったり目が見えなくなったらこれを使えばよいのか、麻痺が起きたらこの手があるし、声を失ったらああいう手もある……と、安心して歳をとることができる。そして彼らが、わたしたち高齢者予備軍（というのは、大なり小なり障害者予備軍でもあるということだが）に送ってくれる最大のメッセージは、各種の補助具さえあれば、少々の不便があってもこんなに楽しく生きていける、という励ましなのだ。

恋の決め手はカオか、コトバか

ついでに、インターネットが変えた異性の魅力についても話しておこう。上野ゼミ生のひとりが卒論研究のテーマに「遠距離恋愛」をとりあげた。国際化時代にふさわしく、遠距離といっても留学生や駐在員など、外国にいる恋人とのあいだのグローバル恋愛である。

ひと昔前は、双方向メディアを使いたくても国際電話はとても高く、定時にベルを2回鳴らして安否を確かめる、なんていう「悲話」もあったくらい。とても長電話などできない状況だった。

それがインターネットのおかげで、おそろしく容易になった。ゼミの学生がとりあげたのは、太平洋を越えた恋人たちのチャット。時刻を決めてパソコンの前に向かいあい、おしゃべりのやりとりをする。顔は見えないが、瞬時に相手から反応が伝わってくるライブ感がいいんだそうだ。

そのなかにおもしろい発見があった。日本にいる女の子にふたまたをかけているアメリカ在住の男性が、チャットを続けるうちに、**「顔がよくて素直な子」**より、**「ルックスはいまいちだが、チャットのおもしろい子」**を選んだという。

チャットは、画面上にあらわれる純粋にことばだけのやりとり。打てば響くような才気、ことばへの鋭敏な感覚、ずらしやトボケなどの〝芸〟の有無が、はっきりあらわれる。これがないとすぐに話題はとぎれて、チャットは続かない。恋の決め手はカオではない、コトバである。愛し合ったらコトバはいらない、のもたしかだが、コトバがいらなくなるまでにコトバがいるのも真理。そう言ったのはノンフィクションライターの石川好さんだ。だから、日本の語学下手の男は外国の女を口説けないんだそうだ。

ハイテクで守る要介護者の権利

インターネットには、電話とちがってよい点がある。それは相手と通信するのに時間を選ばないということだ。相手が外国にいて時差がある場合だけでなく、ひとりひとりのライフスタイルは多様だから、電話なら遅い時間は遠慮するところをメールなら24時間いつでも送ることができる。

しかも、携帯に来たメールに5分以内に返事を出さなければ友だちからはずされると恐れる子どもたちとちがって、高齢者はのんびりしたものだ。数日返事をしなくても、「パソコンを開けなかったもので」とか「ちょっと出かけていて」と知らんぷりすればそれでよい。「あ、返事が届きませんでしたか？ 送ったはずなんですけどねえ、エラーがあったんでしょうか、はは」ととぼけることなんて、ばあさんやじいさんにはお手のもの。

話はとぶが、介護保険制度には、「住民参加のDNAを埋めこんでおいた」と言うのが、前出の樋口恵子さん。つまり3年に一度開かれる自治体の介護保険事業計画策定委員会を、住民参加方式にしてあるのだ。

ところが実態は、自治体の選ぶ委員のほとんどが、学識経験者や専門家、サービス事業者の代表、家族の会のメンバーなどで、かんじんの利用者がいない。利用者の声なくして、なんの住民参加かと思う。サービスは、利用者ニーズに合わせてつくられるもの。ニーズに合わないサービスを提供しても見当ちがいのムダに終わる。それなら「わたしに聞いて」と利用者が主張する必要がある。

介護サービスの利用者といえば、当然、要介護者。そんなひとがどうやって委員会に出てくるの？　というひともいるだろうが、なに、車いすやストレッチャーを使えば、ALS患者だって重度の障害者だってどこへでも出かけられる。それを保証するのがほんとうの「住民参加」だろう。

それよりなにより、お年寄りがわざわざ出ていかなくても、遠隔地から会議に参加できるメディアなどいくらでもある。施設や病院のベッドにいながら、委員会のメンバーとして議論の流れに割って入ることなど、このハイテクの時代にできないことはない。企業は、社員を出張させるコストや時間を節約するために、こういうハイテク情報通信機器をどしどし使っているが、高齢者や障害者こそ、もっとハイテクの恩恵にあずかってよいはずだ。

いっしょにごはんを食べる相手はいる?

親密さというものが、いっしょにごはんを食べた回数ではかれるとすれば、家族だけでごはんを食べているあいだは、ほかの友人と親しいつきあいをすることはむずかしい。これも1年は365日、だれかといっしょにごはんを食べれば、ほかのだれかとは食事をともにできないトレードオフの関係にある。

もちろん家族を〝開く〟ことは可能だ。わたしがパートナーと同居していた京都時代、1週間のうち2、3日は友人が食卓に加わっていた。いまから考えれば、そのくらいヒマだったともいえるが、電話1本チャリンコ15分圏内で、「おいしいものが手に入ったから食べに来ない?」と声をかけることのできる地方都市のよさを、京都はもっていた。東京が情けないのは、「ごはん食べに来ない?」と誘われても往復2時間の道のりを考えると、キモチが萎えることだ。それに、現役のおひとりさま仕事女たちはみんな忙しくて、スケジュール調整だけでもたいへん。1カ月前から予定を立ててやっと会うのが関の山だが、それでも努力してそうしている。

ベッドメイトよりテーブルメイト

ごはんをいっしょに食べる相手は、ベッドをともにする相手と同じくらい重要かもしれない。50代から60代の男女が集まった席でのことだ。「究極の選択」をしようという話がもちあがった。

「これから先、死ぬまでのあいだ、極上のセックスの代わりにまずいメシを食いつづけるのと、毎日おいしいメシを食べる代わりにセックスはあきらめるのと、どちらかを選択せよ」というもの。6人いた男女の答えは、全員、「セックスの代わりにうまいメシ！」で一致した。

そのうちのひとりが解説していわく、「セックスは非日常だけど、食事は毎日のことだからね」。これにみんながうんうんとうなずいた。ホンネは「極上のセックス」にありつける機会など、この先ありそうもないという醒めたリアリズムだったのかもしれないが。

年齢を重ねれば重ねるほど、食事は大切になる。わたしは、だれも知り合いのいない外国での暮らしがはじまると、「ベッドメイトはいりませんが、テーブルメイトを募集中」とやることにしている。セックスもあって困ることはないが、食事もだれかといっしょのほうが豊かな気持ちになれる。

メシがうまくなる相手と少人数で

なにを食べるかだけではなく、だれと食べるかも大事。

わたしはこのところ、義理でおつきあいする立食パーティなぞに行きたくないし、なによりメシがまずくなる相手とは食卓を囲みたくない。いっしょに食べるなら、おしゃべりのおもしろい、気の置けないひとたちと5～6人までの食卓を囲みたい。「おしゃべりがおもしろいひと」とは、自分のことばかりしゃべるひとではない、というのは前に書いたとおり。社会学の小集団研究では、人数が15人を超すと集団はふたつに分解することが経験的にわかっている。15人をふたつに割ると7～8人。ひとつのテーブルで全員が話題を共有できるのは8人くらいまで、それを超すと話題がふたつに割れるのを経験したひとは多いだろう。6人がひとつの話に興じているときに、あとの2～3人はべつの話をしているというのはよくあること。これでは、どちらもしらける。お義理の社交ならいざしらず、親しいひとたちとうちとけた話をするのに大人数はいらない。

小倉千加子さんが最近の著書『オンナらしさ入門（笑）』（理論社、2007年）のなかで、詩人の谷川俊太郎さんからの質問「何がいちばん大切ですか?」に、「笑う晩ご飯」と答えていた。気ごころの知れたひとたちとなんの憂いもなく笑いのある食卓を囲んで一食一食を味わうことのかけがえのなさを、このひともしみじみ感じる年齢になったのね、と思ったものだ。

女同士の食卓に男は呼ばない

ジェンダーも関係する。女同士で食事の約束をしていたら、ひとりの友人から共通の知人であるさる男性を誘おうと思うがどうか、と電話がかかってきた。最近、元気がないので声をかけてあげたらと思って、という。わたしは言下に「ノー」とお断りした。**男が来ると食卓の話題が変わるからだ。**

元気のいい男ならそいつの自慢話を、元気のない男ならそいつのグチを聞かされるはめになる。いずれにしても食卓が男を中心にした話題でまわる傾向があることを経験から知っていたからだ。自腹を切っておいしいメシを食べるのに、他人のホステス役までやらされるのはかなわない。

そういう席には、かならずといってよいほど男の意を迎えるホステス役を演じてしまう女がひとりはいるもので、そんな女を目の前に見ているのも不愉快だ。べつに悪気はないが、カラダが自然にそう動いてしまうのだろう。そういう男に対するサービス精神を、多くの女は身につけてしまっている。自分でもやってしまいかねないので、なおさら怖い。

わたしのきっぱりした「ノー」を、彼女は「それもそうね」とあっさり了解して、ひきさがった。銀座でのおいしい食事のあと、「ねえ、呼ばなくて正解だったでしょ」と言うと、「そうね」と彼女もにっこりした。

とはいえ、男といっしょに食事をするのがきらいなわけではない。男と食事をするときは、好きなひととさしむかいがいい。不純だろうが純粋だろうが、グループ交際の異性交遊より、第三者には遠慮してもらってふたりきりがいい。そのときの相手はわたしの専属で、いっしょにいるあいだはわたしに向き合って心をくだいてくれるからだ。

ほんとうに大切な友人はたくさんはいらない。近くにいなくてもよい。ご近所づきあいやお食事仲間に、自分の心の奥深いひだまで見せる必要なんてない。自分の理解者だと思える友人がこの世のどこかにいて、いつでも手をふれば応えてくれる。そう思えるのは、どんなに幸せなことか。老いるとは、こういう友人がひとり、またひとりとこの世を去るさみしさかもしれない。

孤独とのつきあい方

（ヒマはひとりではつぶれない？）

その昔、金持ち・貧乏人にならって、時間持ち・時間貧乏のひとたちの時間消費行動を調査したことがある。1日24時間はだれにとっても平等。そのなかで時間持ちとは〝可処分時間〟が長いひとのこと。自分でどうにでもできる時間を1日でどれだけもっているかで時間リッチは決まる。

調査の結果わかったのは、とても単純なふたつの発見だった。

その1　時間はひとりではつぶれない。

その2　時間はひとりでにはつぶれない。

時間をつぶすには、いっしょに時間をつぶしてくれる相手と、時間をつぶすためのノウハウがいる、ということだった。つぶし方がわからないのに目の前にひろがるヒマな時間は、ひとによっては〝地獄〟になる。

ところで、おひとりさまが苦手な時間にクリスマスやお正月がある。友人たちが、それぞれ家族のもとに帰ってしまい、街も閑散としてひとりとり残された気分を味わう季節だ。

だが、それもおひとりさまが希少価値だったころのこと。いまどき、こんなことで悩んでいるひとはいないだろう。

第2章で紹介した俵萠子さんはおひとりさまの大先輩だが、大晦日からお正月にかけて、シングルの仲間たちに集合をかけ、「紅白をみんなでみる会」を主宰しておられた。そうなるとひとりぼっちの大晦日は、年に一度の大宴会の日に変わる。

なにごとも智恵と工夫だ。

大晦日ファミリー、失楽園なべ家族

ここ数年のわたしの大晦日の定番は、シングルの男女4人での年越しソバとシャンペンのカウントダウンパーティ。年越しソバは、これも友人のソバ打ち名人がその日に打ったものをつゆ付きで届けてくれる。この4人はいまや「大晦日ファミリー」とでもいうべきもの。いろいろあったけど、今年もどうぞよろしく、と日付が変わったとたんに「あけましておめでとう」を言いあう。

もうひとつ大切な行事に、これもシングルの女性ばかりで続けている新年会がある。渡辺淳一の小説『失楽園』（講談社、1997年）の主人公が心中の前夜に今生《こんじょう》の食べおさめをしたという鴨とクレソンの鍋を「失楽園なべ」と名づけてみんなでテーブルを囲む。小説ではこの鍋に、シャトーマルゴーのワインがついていた。大切に保管していたシャトーマルゴーをこのために放出してあとが続かなかったが、おいしいワインと、辛辣《しんらつ》だが愛のある会話、そしていくら食べても飽きない関西風にアレンジした鴨鍋の味は、年に一度の欠かせない楽しみとなった。

わたしの年齢になると、メンバーの顔を見て「今年も全員そろってホントによかった。来年もだれも欠けないで集まれるといいね」という気分になる。年ごとに、だれかれのカラダの不調が増える。なかには、がんのサバイバーもいる。年に1回しか集まらない「失楽園なべ」家族なのだけれど、気分はほんとうに家族のようだ。

いまやクリスマスもハロウィンも、お正月も桃の節句も、シングルにとってはたんなるお楽しみの口実。「家族のいるひとはいいな」なんて、うらやむ必要はまるでなし。それより、甘ったるいちらしずしやハンバーグなど、お子様向きメニューを食べさせられなくてすむ。思うさま上等のワインと〝オトナの味〟でグルメできる。

非日常を、ひとりで楽しんだらよい。静かなのが好きなら、ひき潮のようにクルマやひとの失せた閑散とした都市のひとりでいることも、だれかといることも、どちらも選べるのがおひとりさまの特権。そのための各種パートナーの在庫くらい、用途別にいろいろ抱えておくのもおひとりさまの心得である。

忘れられていくということ

「老いるとは、ほかのひとびとから忘れ去られていくということ」と言ったひとがいる。

名声や権勢を味わったことのあるひとなら、そういう気分になるのかもしれない。たしかに有名人の訃報に接すると、「えーっ、あのひと、まだ生きてたのぉ?!」と驚くことがままある。わたしのなかではもと有名人のそのひとは、とっくに死んでいたのだ。変転の激しいジャーナリズムの世界や人気稼業で生きてきたひとにとっては、メディアに露出しないことが、そのまま「社会的な死」として経験されることだろう。

だが、会ったこともないいちまたのひとびとに〝記憶〟してもらったからといって、自分が生きるうえでなんの意味があるというのだろう。

愛した記憶の「在庫」は多くても困らない

　喪失の経験がつらいのは、同じ時間と経験を共有しただれかが、その死ごと記憶をあちら側へ奪い去ってしまうから。記憶とは、そのひとのなかに自分が生きているということだから、そのひとの記憶のなかに生きていた自分の大切な部分をもぎとられてしまう。それはとりかえしのつかない喪失だ。埋めようと思っても埋めあわせることのできない欠落感が生まれる。

　だから、わたしは自分が愛したことのあるひとには、生きのびていてほしいと願っている。たとえ過去に属するとしても、**そのひとの記憶のなかに愛しあった思い出が生きているると思えるからだ**。地球上のどこであれ、そのひとが生きているということを知っているだけで、安心した気分になれる。

　歳を重ねるにつれて、過去に愛したことのあるひとたちが、ひとり、ふたりと世を去ってゆく。そのたびにわたし自身のなかから永久に失われるパーツがあることを痛切に感じるようになった。そうやって親しいひとびとからその死によって「忘れ去られていく」ことが老いるということだというなら、それには同意できる。

　こんなふうにいうと、「**よっぽど在庫があるのね**」といわれそうだが、そう、たったひとりのパートナーを守ってきたわけではなかったので。

愛した記憶の「在庫」は多くて困ることはない。いったん愛したことのある相手は、愛するだけの理由があって愛した相手だから、わたしは好きになっただれかを、あとになって憎んだことは一度もない。好きだったことのある相手が不幸でいる姿なんて見たくない。事情があって別れたあとも、幸せでいてほしいと願う。「幸せになってね、残念ながらもうわたしの手によってではないけれど」と。

年下の友人というリスクヘッジ

ほかのひとびとより長生きすることの切なさは、この喪失にあるかもしれない。

恋人たちだけではない。家族、幼なじみ、友人、苦楽をともにした仲間……同じ時間と経験を共有したことでつちかってきた記憶が、次から次へともぎとられていく。どの記憶にも固有性があるから、ほかのだれかで代替することはできない。

年長の尊敬する男性が、長いあいだ苦労をともにした市民運動の仲間の訃報に接して、人目もはばからず嗚咽《おえつ》する現場に居合わせたことがある。慰めのことばもなかった。こういうとき、わたしにはあなたを理解してあげることはできないが、あなたの哀しみだけは確実に感じとっているということを全身で示すしかない。

こういう喪失のつらさを軽減するには、年少の友人をつくるにかぎる。年下だからといって自分より長生きするとはかぎらないが、少なくとも喪失のリスクを分散することはできる。超高齢社会、長生きすれば自分の子どもに先立たれる「高齢逆縁」だってあり、の時代だ。

もちろん、ひとりの記憶がほかのだれかの記憶の代理にも埋めあわせにもならないのは当然だが、それでも、「わたしがここにいる。あなたはひとりじゃない」とメッセージを送ってくれるだれかがいることは重要だ。

ペットならもっと話はかんたん。ペットロスを恐れるわたしの友人は、カラダの弱ってきたペットの老犬を前にして、子犬を飼う決心をした。長年家族のように暮らしてきたペットを失ったときのショックを想像したからだが、現金なことに、子犬が来ると彼女の愛情は愛くるしい子犬のほうにすっかりシフトした。ありがたいことに、先住者の老犬は子犬に嫉妬もせずめんどうをみてくれているようだ。彼女は「しかたないのよ、かわいくてしょうがないんですもの」と目を細める。

孤独は大切なパートナー

ほんとうをいうと、孤独を癒やすのは、「あなたはひとりじゃない」というメッセージではない。もっと正確にいえば、「あなたが孤独であることを、同じように孤独であるわたしが、理解はできないが、知っている」というメッセージである。
その気になれば、知己《ちき》を過去の書物のなかに求めることもできる。長い闘病生活に苦しんだ生命科学者、柳澤桂子さんにこういう文章がある。

宗教書、哲学書、文学書などを乱読するうちに、（中略）
人間であることの悲しみが薄らいだわけではない。
本を読むことによって、
むしろその悲しみは動かしがたいものになっていった。
しかし、そのほんとうの悲しみを知ってしまったのは、
私だけではないということに気づいたのである。
（『柳澤桂子　いのちのことば』集英社、２００６年／以下、柳澤さんの引用はすべて同書より）

おひとりさまにとって、孤独は大切なパートナーだ。孤独を避けようとする代わりに、孤独とのつきあい方を考えてみるほうがよさそうだ。

孤独をまぎらすか？　向き合うか？

さて、孤独とどうつきあうか。それが問題だ。

孤独とは、ふたつのつきあい方しかない。まぎらわせるか、向き合うか。

日本語で孤独といわれるものには、「さみしさ　loneliness」と「ひとりであること　solitude」のふたつがある。「さみしい（ロンリー）」のと、「ひとり（ソリテュード）」とはちがう。

孤独と聞けば、すぐさま「さみしい」ということばを思い浮かべる旧世代の日本人は、プライバシーのなさが親密さのあかしであるかのように身を寄せ合って生きてきた。彼らは、いつもすぐそばに他人がいる空間を「心地よい」と感じるひとたちだ。だが、他人との身体距離というのは、たんなる生活習慣だから、暮らし方が変われば身体感覚も変わる。

「ひとりは心地よい」と思えるか

「ひとりでいること」は、おひとりさまの基本中の基本。どうせなら楽しむほうがよい。というより、「おひとりさま」を選ぶことは、ソリテュードの楽しみを選ぶことだ。

津田和壽澄《かずみ》さんが『もう、「ひとり」は怖くない』(祥伝社、2001年)という本のなかで、やはり「ロンリネス」と「ソリテュード」を区別していた。同感だ。外資系の会社で走りつづけてきたもとキャリアウーマン。たくさんのひとと接し、交渉し、もまれてきたあげく、それをすべてこなせるひとが、そのうえで「ひとりは心地よい」ということには、説得力がある。うらがえせば、「ひとりは心地よい」と思えるあなたなら、安心しておひとりさまになれる。

AV監督にして男優、二村ヒトシさんの『すべてはモテるためである』(ロングセラーズ、1998年/文庫版『モテるための哲学』上野千鶴子解説、幻冬舎、2002年)には〝居場所探し〟をするさみしいひとに向けたきわめつきのせりふがある。いわく、〝あなたの居場所〟とは「ひとりっきりでいても淋しくない場所」のこと。この一行に出合えただけでも、この本を手にとる価値はある。モテたい一心でありとあらゆる努力をしまくった男性がたどりついた人生のテツガク。わたしは感激のあまり、ついに文庫版の解説まで書くに至った。

ソローの『森の生活』以来、アメリカ人にはこの種の孤独に強いひとが多い。

外交官の息子だったアメリカ人の友人がこんな話をしてくれた。70代になってから両親が離婚し、母親はボストン郊外の森のなかの一軒家でたったひとりで暮らしはじめた。引退した父親は、ときどきものほしそうにニューヨークに住む息子を訪ねてきて食事をいっしょにする。話しぶりからして、彼が父親より母親を尊敬しているのは明らかだった。

こういう話をするときに念頭に浮かぶのは、作家の落合恵子さんも大ファンのアメリカの女性作家、メイ・サートンだ。『総決算のとき』（幾島幸子訳、みすず書房、1998年）のなかで、がんの末期を迎えた主人公の老女は、自分のソリテュードを娘にさえ乱されたくないと思っている。母を失う感傷におぼれて取り乱す娘の、愛情の押しつけをわずらわしいと感じる。そんな彼女がたったひとり死にゆく前に会いたいと願うのは、自分の理解者だと思える古い女友だちだけ。

こういう作品を読むと、死にゆくひとびとは気弱なやさしさから、親族の悲嘆につきあってくれているのではないかと思ったりする。死んでゆくのはわたしであって、あなたではないよ、と思いながら。

ひとりでいることの至福

わたしは友人もつきあいも好きだが、ひとりでいることも好きだ。あなたみたいに忙しいひとがそんなわけないでしょ、と言うひともいるが、そんなことはない。

バンクーバーでひと夏を過ごしたとき、太陽が傾きかける7時すぎから、「さて出かけるか」と缶ビールを1本手にして、太平洋に日が落ちる岬の突端にクルマを走らせるのが日課だった。緯度の高いバンクーバーの日没は遅い。落日がゆっくりと水平線に近づくのを、芝生の上で海風に吹かれながら、缶ビールをちびちび傾けて待つ。その数時間の至福といったら!

ときどきは隣にだれかいたらと思わないでもなかったし、喜びというものは分かちあえば、減るよりも2倍にも3倍にも増えるものだが、これほどの喜びをほかのだれかに分かちあう必要はないと思えるほど、その幸福感は完璧だった。

バンクーバーでは、食事をいっしょにしてくれる洒脱《しゃだつ》でグルメのテーブルメイトにも不自由しなかったが、つきあいの楽しみとひとりの楽しみはまたべつ。こんなことをして夕方の時間を過ごしていることは、だれにも言わなかったし、そのサンセットビューのポイントは、だれにも教えなかった。

もうひとつの楽しみは、だれもいないがらーんとした図書館で、仕事を離れた不要不急の本を読んでいるとき。ああ、なんて幸せなんだろう、とぞくぞくするような喜びに満たされる。ひとり遊びの好きなひとは、だれでもなにかしらこういう楽しみをもっていることだろう。

自然は最大の友

自然は孤独の最大の友である。ひとりでいることがまったく苦にならないのは、自然のなかにいて、自分がどれほどちっぽけかを実感しているとき。わたしは若いときから山行したり、キャンプしたりというアウトドア系の楽しみをもっているが、こういう楽しみを10代のわたしに教えてくれた兄に感謝している。

おかげで、いまでもスキー、スキューバダイビングと自然のなかでの楽しみにはことかかない。朝まだ暗いうちから、ウエアだ、ゴーグルだと完全装備を身につけて、寒さに震えながらスキー場に出かけ、「難儀《なんぎ》な遊びやなあ」とぶつぶつ言いながらスキーをはいて雪原に立ったときの、あのおなかの底からわきあがるような純粋な喜び。自然に笑いがこみあげてきて、自分がにんまりしていることがわかる。どんなストレスもふっとんでいく。

アウトドアの楽しみの理由のひとつは、わたしを受けいれてくれる大自然があること。もっと正確にいえば、人間を受けいれるでも受けいれないでもなく、ただ自然がそこにある、という圧倒的な事実に接することだ。自然のほうでは、人間がいようといまいと関係がない。登山者は、人間の生活を拒絶するきびしさをもっている。2500mを超す山岳地は、山のごきげんをうかがいながら、その魅力の片鱗《へんりん》をかすめさせてもらうにすぎない。高山のお花畑は美しいが、なにもわたしのために咲いているわけではない。わたしが行こうと行くまいと、お花畑は氷河時代から咲きつづけているし、わたしが死んでも咲きつづけるだろう。それがいま自分の目の前にある、という奇跡。

「自然がいいのはね、わたしに関係なくそこにある、っていうことよ」

と、ある女友だちに言ったときのことだ。彼女は即座に、

「そんなのイヤだあ。なんでも自分のためにあってほしい」

このひと、職業は心理カウンセラーである。やれやれ。

さみしいときはさみしいと言える

強がりばかりに聞こえるかもしれないから、もうひとつのさみしさとのつきあい方、つまり、孤独のまぎらわせ方についても考えておこう。

わたしの基本は、さみしいときはがまんしなくていい、というもの。さみしいときはさみしいと言おう。もっと正確にいうと、**さみしいと言える相手をちゃんと調達しておこう。**

わたしは自分の弱さを知っているから、人間関係のセーフティネットを努力してつくるようにしてきた。外国生活にストレスが多いのは、前述したとおり。それなら、グチをこぼしたり、ごろにゃんしに行ったりできる相手をできるだけ早く見つけるにかぎる。しかもなんでも現地調達。友人はこれを「キョーフの毛沢東主義」とよんだ。

親しい友人たちは、わたしがグチの多い、優柔不断な性格だと知っている。もちろんそんなところは仕事仲間には見せないが。若いときは、他人にグチなど言いたくなかったし、他人のグチも聞きたくなかった。慰めを言われると「気やすめなんて、よしてちょうだい」と返したものだが、歳をとると考えが変わった。

グチも言えない間柄なら友人とはいえないし、たとえ助けにはならないとわかっていても、せめて「気やすめくらい、言ってくれてもいいでしょう？」という気分になった。逆に自分のほうでも、「助けてあげられないけど、グチくらいいつでも聞いてあげるよ、こぼしにおいで」と言えるようになった。

人間はこわれもの

人間が「こわれもの」であることをわかるようになったのが、年齢の効果だろうか。「こわれもの」だから「こわれもの」のように扱わなければならないと思うようになったのだ。それも、ずいぶんたくさんこわしたあとのことだ。

こういう気分になったとき、女でよかったなあ、としみじみ思ったものである。弱音《よわね》を吐くことが恥にもキズにもならないからだ。そういう目で同世代の男を見ていると、かわいそうになる。ストレスは女と同様にあるだろうに、それを吐き出すことを自分に禁じているばかりに、たまりにたまって病気になったり自殺したりするのだろう。

わたしは男の弱みがよくわかる寛大な女なので、男にはきっととても便利な存在だろうなあ、と思うことがある。呑《の》ませて、食わせて、グチをたっぷり聞いてやると、わたしはいったいなにをやってるんだろ？　と思うこともあるが、しょうがないね、**男は弱い生きものだもの。**もとへ、女と同じように弱いくせに、弱さを自分に認めることのできない弱みをもった困った生きものなのだ。

弱音を吐ける女、吐けない男

歳をとるとは、自分の弱さを認めるということだ。毅然としていたり、凛《りん》としていたり、気骨《きこつ》のあるお年寄りというのはたしかにいらっしゃるが、そのまねが自分にできるとは思えない。病気で苦しめば痛みにぴいぴい泣きそうだし、死期を宣告されれば取り乱しそうだ。

わたしの父は医者で、自分が治療の手だてのない末期がんの患者であることを知っていたが、死の床で動揺をくりかえし、ちっとも死の準備なんかできていなかった。それがふつうの人間だろう。父の介護に際して、友人、知人の介護経験をさんざん聞いたが、りっぱな人間のりっぱな死に方は、いくら聞いてもなんの参考にもならなかった。「そんなひともいるでしょうね」という感じだ。万人がそのような毅然とした死を迎えるわけではない。わたしは父の動揺につきあいながら、こうやって死にゆくひとに翻弄《ほんろう》されることが家族の役目かもしれない、と覚悟を決めた。

わたしが尊厳死に疑問をもつのは、自分が元気なときに書いた日付入りの延命拒否の意思など、その場になってみればどう変わるかわからないからだ。人間は弱い。

動揺する。昨日考えたことを、今日になって翻すこともある。過去の日付入りの意思を貫徹することが、尊いことだとも、りっぱだとも思わない。

つらい、哀しい、痛い、困った……。そんなときに、「助けて」と言える。しかも平気で言える。女でよかった、と思えるのはこんなときだ。

助けてと言ったときにだれも助けてくれるひとがいなければ、こんなに哀しいことはない。こういうときのためにセーフティネット、つまり、いつでも泣き言を聞いてくれ、困ったときに助けてくれるひとを調達し、かつメンテナンスしておくこと。友人とは、そのためのものだ。

第4章 おカネはどうするか

老後はやっぱりカネ、か？

経営者団体や定年退職者などオヤジの集まりで、「高齢社会のゆくえ」について話すことが増えた。

このひとたちは、あまり自分の老後について考えていない。まず、高齢者とはいっても、いわゆる前期高齢者（65～74歳を前期高齢者、75歳以上を後期高齢者という）で元気いっぱい。自分が要介護老人になることなど、ほとんど想定のうちにない。それにもし万が一、半身不随や寝たきりになっても、妻が看取ってくれると信じている。「そのためにカラダが丈夫な女房をもらいました」と公言してはばからないひともいる。その「丈夫な女房」が病気に倒れたり、先立たれたりすることもあるのだから、人生はわからない。

女はカネについてくる？

もちろん先立たれたら再婚という手もある。昔とちがって昨今は男の再婚も容易ではないが、ＩＴ長者として世間を騒がせたホリエモンが「女はカネについてくる」と言ったのは、ある程度までは当たっている。地位と財産があれば、再婚相手が見つかる可能性は高い。

以前、取材した京都の老婚あっせん団体の代表の話によれば、無事に成立した老婚カップルの組み合わせは、**例外なく女が男より年下**だったそうだ。男の方が将来の介護保障をあてにしていることがみえみえだろう。

老婚の道にたちふさがるのは、このひとの表現によれば「老人予備軍」こと息子や娘の世代。この息子や娘たちに**「考えてみなはれ、介護の人手ができたと思え**ば」と言うと、ほとんど納得するそうだ。少々財産など分けてあげても、父親の介護から解放されればお安いもの。それほど夫婦間介護の〝常識〟はゆきわたった。それに後妻さんなら、父親の死後、財産分けをしてあげて、あとはサヨナラですむ、という読みもある。

だが、いつもこんなにうまくいくとはかぎらない。わたしはオヤジ相手の講演では、できるだけ介護の現実が変わったことを説明して、これでもかと脅すようにしているが、こういう集まりで最後に決まって出てくる質問がある。

「今日のお話を聞いていると、やっぱり頼りになるのは最後はカネですねえ」

このひとことを聞くと、なんのために話していたのだろうと、ホントに力が脱ける。老後はこんなに不安がいっぱいだけれど、その不安を支えるために地域でケアのしくみをつくりだしているひとたち（そのほとんどが女性だけれど）がいる、という話を、わたしはかならずつけくわえるようにしているからだ。

ほんとうにほしい介護は、カネでは手に入らない。ケアという商品にかぎっては、価格と品質が連動しない。そのことを口をすっぱくして言ってきたつもりだったのに。

手厚い介護はカネでは買えない

在宅で安心して老いて、死ぬ。そのためには、たいしてカネはかからない。そのための介護保険だし、そのための支援費制度だ。単身世帯で24時間巡回看取り介護を受けて、在宅で亡くなっていったおじいちゃんもいる。小規模多機能のホームで、ベッドの隣に添い寝をしてもらって終末期を迎えたおばあちゃんもいる。両方とも家族のいるひとたちだ。

前者のおじいちゃんは、娘ふたりが遠くに嫁いでいた。毎日見回りに来ているヘルパーさんがいちばんよく変化に気がつく。いよいよだな、と思ったときに、介護ステーションは家族に連絡した。娘さんふたりが泊まりこみでやってきて、最後の

１週間をともに過ごし、父親を看取った。それで家族からずいぶん感謝されたというが、これが１カ月とか３カ月とかに長びいていれば、逆にうらまれたかもしれない。

後者のおばあちゃんは、病院からもう手を尽くすことがないといわれて退院をすすめられた。家族は、ターミナルを目前にした老母を自宅にひきとることに不安を示した。こういうときは、「先生お願いですから、最期まで病院に置いてください」と家族が医者に頼みこむか、終末期医療を専門にする病棟を探して転院させるかだが、家族とデイサービスの担当者が相談のうえ、「おばあちゃん、いつも通っていたあのデイのおうちへ行くか？」と聞いたら、うんとうなずいた。

なじみのある空間、なじみのあるひとたちのところで、家族も及ばぬ手厚い介護を受けて、おばあちゃんはおだやかに最期を迎えた。もちろん家族からは深く感謝された。本人と家族からの厚い信頼があってのことだが、デイサービスは本来ターミナルケアを事業としていないから、時間外の献身的なサービスで支えた終末期である。

こんなことが可能になるのも、ほんとうにニーズのあるひとのために役に立ちたいとの志から事業を興したＮＰＯ系のサービス提供事業所があるからこそ。高額負担の有料ホームに入っても、同じことをやってもらえる保証はない。カネでなにが買えるか。そう考えれば、「カネで買えるもの」は実はかぎられている。

ひとり暮らしにいくらかかるか

月5万円で豊かな暮らし

カネさえあればなんでもできる、わけではないことはわかったが、それでもカネはないよりあったほうがよい。いくらあればじゅうぶんか。

まず生活費だが、さて、おひとりさまの老後の暮らしにいくらかかるか？　これも、これまでの暮らしぶりが影響するからピンからキリまで。いちがいにいえない。社会保険料や光熱・通信費は欠かせないから、現金のない暮らしは考えられないが、それを入れても寒冷地で月5万円で暮らしているひとをわたしは知っている。

省エネ・省コストのパッシブソーラーハウス（機械で太陽熱をとりいれるのではなく、建築的な工夫により太陽熱の利用効率を高めた住宅）で、寝室付きのワンルーム住宅。ひとり暮らしにはもっとも快適な住環境だ。家庭菜園があるから新鮮な野菜類にはことかかず、貯蔵食品も自家製。豊かな暮らしぶりである。生活の豊かさは、かけたカネではかれない。

ケア付き住宅でいくらあれば暮らせるか

多くのケア付き住宅は、**食事がついて1カ月12万円から15万円程度**、つまり高齢シングルの年金の範囲で暮らせるように設定してある。ぜいたくしたいと思わなければこれでやっていける。ピンのほうでも月額30万円程度。ちがいは、部屋の大きさや設備の豪華さ、食事の質くらい。

有料老人ホームの草分け、「サンビレッジ新生苑」の石原美智子さんは、その〝格差〟をわりきっている。1993年にホテルの部屋と見まがうような個室を用意して、1カ月入居費36万円で入居者を募集したとき、「こんな料金でいったいだれが？」という周囲の心配をよそに、30室のホームはすぐに埋まった。病院の個室に1カ月入ってもこのくらいかかる、それにくらべれば安いもの、という。職員にはこう言っている。

「ファーストクラスに乗ってもエコノミークラスに乗っても、飛行機が目的地に着くのは同じ。部屋が豪華なだけで、生命にかかわるケアには差をつけない」

石原さんは食事についても独自の考えをもっている。家事援助で要介護者のお宅へヘルパーさんが出向けば、1食つくるのに1時間の派遣料がかかる。そんなムダづかいをするより、食事はセントラルキッチン方式（一ヵ所で集中的に調理・供給するシステム）で省コスト化をはかり、配食サービスをしたほうがよい。おいしいものが食べたいひとは〝松・竹・梅〟でランクを選ぶ。選択肢を与えてコストは自己負担するのが資本主義の論理、と。市場主義に徹した石原介護哲学は、介護保険のもとでも傾聴に値する。

食事付きなら上げ膳、据え膳

食事付きの高齢者住宅を歓迎するのは、長いあいだ主婦業をしてきたひとたちだ。〝おつとめ〟からようやく解放された彼女たちにとって、上げ膳、据え膳の暮らしは王侯貴族のようなものだろう。自分の口に合うもの、おいしいものを食べたければ、たまに自分でつくったり外食すればよい。クッキングも、日常の義務から非日常のレジャーになれば楽しめる。

食事付きの高齢者住宅には、3食まるまる出るところもあれば、朝食は各自の好みで昼と夜の2食が出るところ、昼は希望者のみで、夕食は週5日出るが週末はなしとか、夕食も週に2日だけとか、さまざま。いまはコンビニで弁当を買ってきて〝中食《なかしょく》〟もできるから、食事の不満を解消する選択肢はいろいろある。

基本的な住と食を確保したうえで、あとは、趣味や社交など、楽しみのための余裕があれば暮らしていける。おひとりさまのつましい暮らしには、たいしたカネはかからない。

不時の出費をどうするか

香典の額と故人を悼む気持ちはべつ

高齢者の家計を直撃する現金支出は、親族の冠婚葬祭費用。子や孫の入学祝いや就職祝い、結婚祝いなどが、次々にふりかかる。〝負け犬〟のおひとりさまでソンしたと思うのはこういうときだ。きょうだいの息子や娘たちのお祝い事にご祝儀を出しても、自分のところに返ってくる機会はない。

こういうときには、**相手にいい顔をしないと覚悟を決めればすむ**。子や孫、甥や姪に老後を頼るつもりがなければ、相手の顔色をみなくていい。なによりもらった本人はそんな昔のことなど、とっくに忘れている。

それよりも、現金支出で高齢のおひとりさまを悩ませるのは、友人、知人の訃報とお香典である。葬儀に列席するだけでも交通費がかかるし、香典の相場は親族だと3万円から10万円、友人でも1万円から3万円など、冠婚葬祭のノウハウ本を読めばふところが寒くなる。ひとりならともかく、短期間にたてつづけに不祝儀が集中すると暮らしにも響く。地方の住民団体では、だれが亡くなっても1世帯500円という申し合わせをしているところもある。これならほかのひとを出し抜くわけにいかなくなる。

最近の訃報でゆかしいと思うのは、近親者による密葬をすませました、という案内。香典も供花も、電報も打ちようがない。知友による故人を「偲ぶ会」は、やりたいひとが別途やればよい。互いにこういう習慣ができれば、儀礼的なやりとりにアタマを悩ませずにすむ。ときどき、「故人の遺志により、ご香典の類は福祉施設に寄付させていただきました」という案内が届くこともあるが、それならもっと早くから言ってくれ、という気分にもなる。亡くなったひとを悼む気持ちはそれとはべつだ。香典の額でははかれない。

浮き世の義理は気にしない

京都に、山野草を中心にした盛り花を届けてくれる花屋さんを知っている。花があふれる葬式の直後を避け、初七日か四十九日がすんで一段落したと思うころに、ご遺族のもとへ、ここからお悔やみの花かごを届けてもらうことにしている。

それもご遺族と親交がある場合だけ。故人のためというよりも、自分自身のため、**故人に心のなかで「さよなら」を言って、自分の気持ちにけじめをつけるためである。**

考えてみれば葬式というのは、亡くなったひとのためよりも、生き残ったひとのためにある。権勢の地位にある本人が亡くなったときより、そのひとの親や妻が亡くなったときのほうが葬式が盛大なのは、だれでも経験しているだろう。〝おつきあい〟の志を見せなければならないのは生き残った本人に対してだから、当の本人が亡くなった場合には遺族に対してその義理はないことになる。

葬式も通夜も「浮き世の義理」の延長。うんと長生きしたおひとりさまには、もはや社会的な地位も権力も縁遠いから、こんな義理を気にかける必要はない。

要は、ほんとうに大事な人間関係とはなにか、をわきまえることだ。長生きするとは、浮き世の義理から徐々に身を退いていくこと。最後に残るのは、カネで買えない人間関係だけだろう。

年金はいくらもらえるか

基本的な生活費くらいは年金でまかないたい。ケア付き住宅の利用料、月額12～15万円を生活費の目安とすると、問題は、これだけの年金を手にすることのできるおひとりさまの女性が、どれくらいいるかということだ。

勤続40年の標準的なサラリーマン世帯が受け取る年金の予想額は約23万3000円（2007年度）。細かい制度的なしくみは省略するが、専業主婦の妻は、夫が死亡したときに夫の年金の4分の3にあたる遺族年金を受け取る。

2007年度から離婚時の厚生年金分割制度がスタートした。熟年離婚ラッシュが予想されたが、その予想ははずれた。離婚時の分割は婚姻年数に応じて、上限は夫の厚生年金部分の2分の1まで。それも離婚すればすぐにもらえるとカンちがいしているひとも多いが、あくまで年金受給年齢に達してからの話。看取れば4分の3だから2分の1よりずっとよい。という理由かどうかはわからないが、熟年離婚は思ったほど増えなかった。離婚する人たちはそれ以前にとっくに離婚していたということだろうか。

子どもを産まない女に年金はやらん!?

遺族年金を受け取る資格がない妻もいる。夫が死亡した前年の年収（妻の年収）が８５０万円を超える場合だ。夫と死別する年齢でこれだけの年収のある妻はどのくらいいるだろうか。

非婚のおひとりさまは頼る夫もいなかったから働きつづけてきたので、たいがいは自分の年金権をもっているはずだ。森喜朗元首相が２００３年に「子どもをひとりもつくらない女性が自由を謳歌し、楽しんで年とって、税金でめんどうみなさいというのはおかしい」と〝暴言〟を吐いたことがある。

いまでも、〝負け犬〟の非婚シングルに対して、「わたしたちが苦労して育てた子どもたちが、あなたの老後を支えるなんて……」と言う専業主婦の女性がいるが、これはとんでもない心得ちがいだ。働く女は、ずっと税金も年金保険料も払いつづけている。そのカネで年長世代の、主としてオヤジの老後を支えてきているのだ。

年金はもともと、自分が払いこんだおカネを、将来、自分自身が受け取るのが主旨。だからこそ払いこむわけで、それを「積み立て方式」という。それが、現役世代が年長世代に〝仕送り〟する「賦課《ふか》方式」に変わったのは、元本に手をつけてそれを積みくずしていった政府の無策のせいである。

最近ではこの賦課方式を、もう一度、積み立て方式に戻そうという考え方もある。そのほうが、世代間公平の原則にかなうからだ。保険料を払ってもいないのに年金権をもてるのは、第3号被保険者こと会社員や公務員の無業の妻、つまり専業主婦だけ。不公平感をもつのは、働く女のほうだろう。

オヤジにやさしい年金制度

おっと、いけない、働く女と無業の主婦とのあいだに対立をもちこんだのは政府のたくらみだ。そんな策略にひっかかってはいけない。

日本の専業主婦のほとんどは「みなし専業主婦」。つまり、103万円までは収入がなかったことにしましょう、というお約束で「専業主婦」とみなされているひとびとである。結婚以来、まったく無職・無収入で過ごしてきました、という既婚女性は少ない。つまり、103万円までなら雇用主のほうは保険も保障もつけなくてすむから、安上がりの労働力として買いたたかれてきたのだ。

これも日本の社会保障・年金制度がもっぱら「オヤジにやさしい」制度になっているから。働く女も働いていない女も、対立しているヒマがあったら、この不合理なしくみに対して怒るほうがよい。

「おばあちゃんのおカネ」

高齢社会では「貧困の女性化」、つまり、無年金や低年金の女性が増えるといわれている。

たしかに現在80代や90代の女性には、無年金者や低年金者が多い。

国民年金制度ができたときにはすでにそうとうの年齢で、加入期間が短かったり、保険料未払いがあったり、また自営業者で国民年金にしか加入していなかったりというケースがあるからだ。こういうひとたちのなかには月額2万円程度しか年金を受け取れないひともいる。

それでも家族と同居していれば、「おばあちゃんのおカネ」があることは強い。だれにも遠慮せずに孫にこづかいをやれるのは年金のおかげ、というひともいる。孫の顔色をみるために使うくらいなら、自分のために使えばよいと思うが。

とはいえ、これもひと昔前の話。団塊世代を中心とする女性は、第1に婚姻率が圧倒的に高く、第2に夫の雇用率が高い。だから、自分自身か、さもなければ夫の年金が入ってくる可能性も高い。

暮らしは男が立てるもの?

老婚あっせん団体の代表から聞いた話では、女性は、かならず相手の男性の年金額を聞くそうだ。

「あんたはんも自分の年金もってはるやろ。もちよりで暮らさはったらよろしいのや」と言っても、女性の側には、暮らしは男が立てるもの、というジェンダー規範が身にしみついているらしい。

せっかく歳をとったのだもの、男だ女だというジェンダーは脱いでしまったらいい。だれでもなんらかの年金がもらえるようになれば、ひとりで暮らすのはたいへんでも、もちより家計ならゆとりができる。昔から「ひとり口は養いがたいが、ふたり口なら養える」というではないか。

「パラサイト・シングル」ということばをはやらせた山田昌弘さんも、結婚したがらない若者を結婚させるには、親の家から追い出して兵糧攻《ひょうろうぜ》めをするにかぎると提言している。そうすれば、貧乏な若者同士は「ひとりよりふたり」がラクかも、と同居する。同居すればセックスする。セックスすれば子どもができる……そんなにうまくいくかどうかはわからないが。

ひとりよりふたり、は若者にかぎらない。高齢者が女性同士いっしょに暮らす選択もある。子どものいない姉妹同士の暮らしは昔からあるし、ゲイやレズビアンのひとたちも老後の暮らしを真剣に考えている。おひとりさまと同じく、「子どもに頼れない老後」を覚悟しているからだ。シニアハウスやコレクティブハウス、グループリビングなどはその工夫のひとつだろう。

ゆとりをどう捻出するか

さて、おひとりさまの暮らしにかかるおカネは、年金プラスアルファのゆとりだ、ということはだいたいわかってきた。その〝ゆとり〟も月に数万円。そんなにとんでもない額ではない。とはいえ、高齢の女に仕事はない。昔なら子どもがこづかい程度の仕送りをくれたかもしれないが、子どもには頼れない。

たいがいのおひとりさまは、他人に教えることのできる特技のひとつやふたつはもっているものだ。お茶やお花の先生をするとか、毎週、公民館で俳句教室の講師をつとめるとか、近所の子どもの勉強をみるとか、週末ビジネスでも月に数万円は入る。それに元気なら、自分より高齢者のお世話を週に数時間するとか、配食サービスの有償ボランティアをするとか、年齢を問わないコミュニティビジネスはいろいろある。

シルバー起業で「死にガネ」を生かす

自分で事業をはじめてもよい。他人に雇われるから性や年齢の差別を受ける。自分が起業したり、個人事業主なら、だれの顔色もみなくてすむ。

経済学者の島田晴雄さんは、シニアの起業をすすめている。日本の高齢者の貯蓄率が世界でもダントツに高いのはよく知られているが、銀行に預けて〝死にガネ〟にするよりも、事業に投資して〝生きガネ〟にしたほうが、日本経済のためにもよい、と。「武士の商法」ですってんてんになるほどのリスクをおかす必要はないが、よくばらなければスモールビジネスで月に5万から10万円入ってくる程度の才覚をもっているひとは少なくないだろう。

長年、生協活動にたずさわってきた厚子さんは、NPOを立ち上げたりして忙しい生活を送っている。これまでの運動はどれも手弁当で持ち出しだったが、地域のひとたちのための共有スペースをつくって、貸しギャラリーをはじめたNPOは、評判がよくて1年先まで予約が入る収益事業になった。最近は、インターネットの古書店をオープンすべくノウハウの勉強に励んでいる。店舗がいらないから、投資はほとんどかからずリスクも少ない。もうからなくてもよいが、ソンをしない程度に続けられたらと思っている。

わたしもなにかやろうかと考えていたら、周囲からツッコミが入った。定年退職したもと社会学者はなんの役に立つのかしら？　そこまでは考えていなかった(笑)。

老後にもキャッシュフローを

70歳のハローワーク

日本の高齢者の問題は、女性にかぎらず男性でも、年金だけでは暮らせないこと。だから、年金に加えてわずかでもよい、毎月のフロー、つまり収入が入ることが不可欠だ。諸外国にくらべて、日本の高齢者の就労意欲は高い。なにも「働くのが大好き」だからではない。働かないと年金だけでは食べていけないからだ。それでも年金が下支えしてくれる家計なら、あくせく稼ぐ必要はない。

上野研究室で数年前に秘書を募集したときのことだ。ハローワークに求人票を出した際、エイジズム（年齢差別）を避けようと年齢制限をつけなかった。45歳以上ならほとんど求人がない、といわれる労働市場。ひとりの募集になんと100人もの応募があった。そのうち7人が男性、4人が定年退職者だった。

横浜在住の70代の男性は、もとエンジニア。パソコンはお手のもので、人柄もよさそうなその方と面接したが、「長距離通勤になりますね」と言ったわたしに、「年金があるので、給料は安くてもかまいません。毎日通うところがあれば、規則正しい生活ができますから」という返事が返ってきた。あなたの健康管理のために上野研の仕事があるわけじゃない、と口にまで出かけたが、それよりその方が、ご自分の過去の業績をファイルにして持参なさったのには閉口した。こういう〝過去の栄光〟に依存するタイプは、男性に多いような気がする。「あなたはこの仕事にはもったいない経歴の持ち主のようですから……」と、丁重におひきとり願った。

フリーターは前倒しの年金生活者

こういう応募者がいるとなれば、シルバー人材バンクなどが、雇用主にとってはおいしい市場になるかもしれない。キャリアも経験もある人材に低賃金で働いていただくというわけだ。日本の企業は性と年齢で労働者を差別してきたが、考えてみれば既婚女性をパートに雇えたのも、夫のカネに支えてもらえる一種の〝年金生活者〟だったから。若者をフリーター状態に置いておけたのも、親のカネにぶらさがる〝年金生活者〟だったからだ。

人口学的にフリーター、ニート現象の中心になっている世代は団塊ジュニアだが、この世代を「前倒しの年金生活者」とよんだのは、団塊ジュニア市場を追いつづけてきたマーケターの辻中俊樹さん（『団塊ジュニア　15《イチゴ》世代白書』誠文堂新光社、1988年）。団塊ジュニア世代のフリーターは、たしかに日本経済の長期にわたるデフレスパイラルのなかで構造的に生み出された被害者にはちがいないが、そのいっぽうで本人たちにあまり危機感や切迫感がないのも、それで説明がつく。

事実、この世代の行動がかぎりなく〝年金生活者〟に近いことを、辻中さんはマーケティングのデータから明らかにする。たとえばストック（貯蓄）志向がなくてフロー（とりあえず必要な収入が入ること）だけで満足するとか、将来より現在の利益を優先するとか、異性関係もセックス優先よりも茶飲み友だちタイプという観察だ。つまり、団塊ジュニアのカップルは最初から老婚カップルなのだ。

この世代のひとびとがこれほど劣悪な労働条件に対しても、フランスの若者のように暴動など起こさずに過ぎてきたのは、家族が「年金保障」の役割を果たしていたからだ。最近になって一部の経済学者が、日本の経済は家族というブラックボックスに依存してきた、と主張しているらしいが、わたしにいわせれば〝いまさら〟の発見である。とはいえその家族も高齢化してきた。親の年金パラサイトになったうえに、介護要員を期待されたら自分自身の老後が危ない。親は自分の老後でせいいっぱい。子どもの老後までは考えてくれない、と覚悟すべきだろう。

ストックをフロー化するには

おひとりさまの老後には、ストックはあるかもしれないがフローは少ない。年金だけでは食べていけない。となれば、道はある。ストックをフロー化することさえできれば、問題は解決する。

おひとりさまの不動産自己所有率は高い、と書いた。もちろん自分が住んでいる家だから、売ったり貸したりして資産運用はできない。とはいえ、おひとりさまなら、3LDKの持ち家をだれかに貸して、自分はケア付きワンルームに移るという〝玉突き転居〟もありうる。その差額が収入になるしくみだ。

持ち家を担保におカネを借りる

自分の持ち家を、自分が住んだまま担保にして借金できるしくみが、リバースモーゲージである。日本で最初にこの方式をもちこんだのは武蔵野市だったから「武蔵野方式」とよばれたが、聞くところによると、同市では1981年のスタート以来二十数年間で利用者は合計約100件。あまり人気がないという。理由はふたつ。

ひとつめの理由は、子どもたちが反対するからだ。親の家は自分の家、と彼らは思っている。それが彼らの「前倒しの年金生活」の根拠になっている。だが、自分の家は自分の家、**子孫に美田は残さない**とわりきらなければ、おひとりさまの老後はしのげない。その点、〝負け犬〟のおひとりさまは、邪魔だてする子どもや親族がいなくてラッキーだ。

わたしは長いあいだ、全国でも高齢化率の高い京都で暮らしていた。中京区という町のどまんなかに住んでいたころ、りっぱな玄関構えのうなぎの寝床のような旧家の裏から、昼餉《ひるげ》どきになるときまって干ものを焼くにおいがしたものだ。市街地に多いのが、米屋さんと豆腐屋さん。魚屋さんの店先には鮮魚より干し魚が場所を占めていた。坪ン百万という高価な土地の上に住みながら、爪に火をともすようにしてつましい暮らしをしているお年寄りがそこにはいた。それなら武蔵野にならって「京都方式」を、と提案したわたしに、京都市役所の役人は「土地柄に合いまへん」と言った。先祖代々の土地を受け継いできた京都人にとっては、自分の代で土地を手放すのはご先祖様に申しわけない、のだそうだ。

先祖代々の土地というウソ

ホントにそうだろうか。日本人の土地に対する執着は神話にすぎない。京町家《まちや》研究の蓄積が明らかにしたのは、町衆のいる山鉾町《やまぼこちょう》でさえ、2、3代前に流入してきたヨソモノが多いことだった。祖先から受け継いだといわれる田畑だって、幕末以来ひんぱんに売買されている。明治期以降の大地主だって、幕末から明治にかけてせいぜい数代で田畑を買い集めた新興勢力にすぎない。多くの小作人にとっては、占領軍の農地改革で自分の土地を手にしたのは、ほんの半世紀前のこと。開拓農家は3代程度にさかのぼるのがせいぜい。「先祖代々の……」なんていう枕ことばは、あとからつけたこじつけである。

わたしの友人の親は農地改革で田畑の多くを失ったもと地主だったが、それでも残った数枚の田畑を、５人の子どもたちを大学に進学させるたびに一枚また一枚と売って、最後は自家用の米をつくるぶんしか残っていなかった。子どもの教育のほうがご先祖様から受け継いだ土地より大切だったから。それなら、自分の老後に使ってもだれも文句はいわないだろう。

自分で築いたものは自分で使いつぶす

団塊世代には、大都市圏に移住してきた次男坊や三男坊とその妻がつくりあげた核家族が多い。親からなにも受け継がなかった代わりに、自分一代で築いたものを自分一代で使いつぶすのは勝手だ。団塊ジュニアはあてがはずれるだろうが、そこは自己責任と思ってもらおう。

「前倒しの年金生活者」である彼らに、親の家とカネという〝年金〟のつっかい棒がはずれたとき、どんなパニックが起きるか。団塊ジュニアが日本社会の〝不良債権〟になると予測するひともいるが、彼らが老後を迎えるまでのあいだに、高齢者が個人でストックを貯めこまなくても生きていけるだけの社会保障システムが、日本に確立していることを期待しよう。

団塊世代はストック形成にあたって、親から援助を受けなかった。その前の世代にとって都会に出てくることは、出稼ぎをして親に仕送りをすることを意味した。これを世代間の「負の贈与」という。団塊世代は親から「正の贈与」を受けなかった代わり、「負の贈与」も受けなかった。つまり自分のことだけを考えていればよい、ある意味ラッキーな世代だった。その団塊世代の親が、自分の子どもに対してはいつまでもパラサイトさせてやるような贈与を、寛大にも与えつづけている。自分がそうしてほしかった親からの贈与を、自分の代で子に対して実行しているのかもしれないが、そうすることで子世代の自立を阻んでいることに気がつかない。子どもへは正の贈与も負の贈与もやめる。子世代の自立には、これがいちばん。実のところ、団塊世代の親には、子の世代に気前よく贈与を与えつづける余裕などないはずだ。子どもに頼れないぶん、親の自立も求められる。

ニュータウンもすぐにオールドタウンに

話を戻そう。リバースモーゲージがうまくいかなかったもうひとつの理由は、もっと怖いものである。バブルがはじけて、戦後日本の〝土地神話〟がくずれた。土地だけはどんなことがあっても値上がりしつづけるという、日本人の土地に対する根強い信仰がこわれたのである。

それ以前は、土地さえあれば自己資金なしでも、老朽化したマンションを、建て替え方式でいくらでもバージョンアップできた。それを促進するかのように都市部の建設ラッシュが続き、政治的配慮から敷地に対する建物の容積率がどんどん上昇していった。だが地価の崩壊で建て替えプランが頓挫《とんざ》、それに阪神・淡路大震災が追い打ちをかけた。集合住宅はあっけなく全壊・半壊し、その建て替えのための資金の調達も合意形成もおそろしく困難なことに、多くのひとたちが気がついたのである。

団塊世代の持ち家率が高いといっても、その多くは区分所有の集合住宅である。税法では、マンションなど鉄筋コンクリート造りの住宅の耐用年数は47年。日本の住宅はそれ以上の長さを想定して建てられていない。30代で入居した集合住宅も40年以上たてば、居住者が高齢化するだけでなく、建物じたいが老朽化する。とくに低家賃・低コスト住宅として大量に建てられた公団住宅などの老朽化は激しい。

60年代、70年代につくられたニュータウンはたちまちオールドタウンとなり、高齢者を残したまま子どもたちは戻ってこない。家に雨漏りがしたり、すきま風が入ったり、補修が必要になるが、その資金もない。櫛の歯が欠けるように居住者が減っていくと、集合住宅の荒廃はいっきにすすむ。他人事ではない、うちのことだわ、と思うひとも多いことだろう。

担保能力のない日本の住宅

日本では、戸建ての住宅でさえ、何世代にもわたって住むようにはつくられていない。最近になってようやく「百年住宅」という言い方が登場するようになったが、この超高齢化では100年で一世代である。日本の住宅はもともと数十年もてばよい耐久消費財としてつくられているから、構造も設備も間に合わせである。

欧米には、古い邸宅を改装して内部に最新の設備をそなえ、何世代にもわたって住みつぐリノベーションビジネスがある。

世界でいちばん有名な日本女性、ジョン・レノンの妻だったオノ・ヨーコが、うなるほどカネのある夫の経済力に依存して生きた極道のアーチストだったかというと、そうではないことを知った。彼女はニューヨーク近郊の広壮な旧家を手に入れては、それを改装して資産価値を高め、不動産市場に売りに出し、もともと大金持ちだったジョンの資産を数倍に増やしたのだという。なるほど、こういうストックゲイン（ストック、つまり死にガネである保有資産の価値を高めることによって生じる利益）

をビジネスにできるのも、旧華族の出身だったオノ・ヨーコの経済感覚ならでは。ひたいに汗して時給いくらを稼ぐばかりが労働ではない。日本の家屋で、不動産市場に再投入できるようなリノベーションに耐えられる家は、どれだけあるだろうか。

説明が長くなったが、ほとんどの持ち家には担保能力がないから、というのが、リバースモーゲージがうまくいかない怖い理由のひとつである。とりわけ集合住宅は劣化が早い。よほど安定した不動産がなければ、リバースモーゲージを利用することさえ都市の住民にはおぼつかないと覚悟しておいたほうがよい。

個人年金を準備しよう

年金の話の続きをしよう。

公的年金は、基礎年金と報酬比例部分とで２階建てになっている。差がつくのは、この報酬比例部分。国民年金を納めつづけてきた自営業者にはこの部分は関係ない。政府は、現役時代の収入の２分の１までは確保しましょうというが、もし給与が月額70万円とか１００万円近くあれば、年金額は月に35～50万円。持ち家のある老夫婦がこんなにもらう必要があるだろうか。

現役時代は働きに応じて格差があってもよしとしよう。でも、それまでの生活がどうあれ、老後はだれもがそこそこ同じような生活水準で暮らせばいいじゃないかという考え方を、社会政策の専門家、大沢真理さんは「老後社会主義」とよぶ（『現代日本の生活保障システム』岩波書店、2007年）。高齢者になったら格差を相対的に縮めようというものだ。よい考えだと思う。

公的年金に不足があれば、それに個人年金を積み増せばよい。個人年金にはいろいろな種類がある。これも金融資産というストックのフロー化のひとつの方法だ。自分に生命保険をかけたり、巨額な金融資産をもっていたりすれば、親族から早く死ぬことを期待されたりするかもしれないが、年金はそのひとの生きているあいだだけ出るから、受け取り手の長寿を願うという効用もあるかもしれない。

年金が月額100万円！

キャリアウーマンだった洋子さんは離別シングル。子どもがまだ小さいときに離婚して、働きながらふたりの子どもを育てあげた。子育ての最中は、自分の身に万が一のことがあったらこの子たちが路頭に迷う、と自分自身に高額の生命保険をかけた。

70代になって子育ても卒業したいま、おとなになった娘や息子にいまさら保険金が入る必要もないと考え、思いきって解約した。自分のために使おうというのである。解約金がそうとうの額になったので、金融機関に相談して個人年金を設定してもらった。

現在、洋子さんは月額100万円の個人年金を受け取っている。趣味の絵本をコレクションしたギャラリーにお手伝いのひとを雇っているが、その維持費や人件費を含めても、旅行、友人たちとのつきあい、さまざまなボランティア活動など、彼女の多彩な活動を支えるにじゅうぶんな額だ。

年金が月額100万円！　ためいきが聞こえそうだ。だが、これも子どもにおカネを残さないと思いきったからこそ。まだ子どもたちには伝えていないという。もし知ったら、かえって母親を大事にしてくれるのではないだろうか。生きているかぎり、彼女には月に100万円がついてくるのだから。

年金を食いものにする悪い奴ら

生きているあいだ、そのひと個人に発生するおカネが年金だが、世の中には親の年金にぶらさがって生きている中高年パラサイトもいる。若年パラサイトも長期化すれば、やがて中年になる。社会学者の春日キスヨさんは高齢者虐待の研究をしているが、失業して老母の年金にパラサイトしている50代の男性が、その老母に殴る蹴るの虐待を加えるというケースを話してくれた。

「あら、母親の年金に依存してるなら、母親に一日でも長く生きてもらわなきゃならないから、大事にするのが当然じゃないの」と言ったわたしに、「そうなのよ。それなのに、やっぱり虐待するのよ」と彼女は眉をくもらせた。虐待の加害者は合理的に行動するわけではなさそうだ。

それにしても、年金権を担保にカネを貸す町の金融業があることを知ったときには、そのあざとさに驚いた。年金を受給しているじいさん、ばあさんの年金手帳を担保に小口のカネを貸し、年金支給日には本人にくっついて郵便局へ行き、その場でカネをとりあげるのだという。まったく悪い奴らはどこまでも悪智恵をはたらかせるものだ。こんな血も涙もない方法ではなくて、相手に長生きしてもらい、息長く少額の利子を払いつづけてもらうほうがお互い共存共栄だと思うが。

長生きするほどトクをする究極の年金

長生きすればするほど有利になる年金がある。トンチン年金という。とんちんかんな名前に聞こえるかもしれないが、イタリアのロレンツォ・トンチイというひとが思いついたので、そのひとの名前をとってトンチイ年金、日本ではなまってトンチン年金として定着した。

これは、同じ年齢集団（たとえば70歳とか）のひとたちが何人かで出資して集団的な〝講〟を組み、そのあいだで配当を分配するというもの。かりに70歳のひとが100人集まって、ひとりあたり100万円出資したとすれば、合計1億円の原資ができる。毎年、仲間が死んでいくにしたがって分配率がよくなり、長生きすればするほど有利になる。**最後のひとりになれば、分配金をひとり占めできる**、というしくみ。

これを日本に紹介した金融マンが、「トンチン年金に入って、長生きしよう！」と呼びかけた。いまから20年以上前のことなのに、それからトンチン年金がちっとも普及しないのはどうしてだろう。他人の死を願う気持ちを助長するから、というがホントにそうだろうか？　トンチン年金があれば、長生きにご祝儀がくるしくみ。だれかやってくれないかなあ。日本にはもともと〝講〟や〝結《ゆい》〟の伝統があるから、仲間たちでトンチン講でもやってみようか、と思うくらい。

長生きすることが、不幸でなく、幸せな世の中をつくりたい。

あの世へ財産はもっていけない

日本の高齢者の貯蓄率は世界でも群を抜いて高い、と書いた。政府があてにならず、年金だけでは不安があるので、自分で自分の老後に備えなければと多くの高齢者は思っている。高齢者の金融資産は、金融保険業者が有利なところへ投資して運用する。日本の金利は世界で最低ランク、ほとんどゼロ金利時代を続けてきたせいで、国内に投資しても利回りは期待できない。

そのせいで、日本人の金融資産の多くは外国へ流れている。グローバル時代のおカネの流れは、国境では食いとめられない。その外資がやがて、逆流して日本に対する〝はげたかファンド〟になることもある。日本の高齢者の金融資産が、日本経済を掘りくずす先兵に使われることだってあるのだ。

高齢者にはストックに頼らなくても、安心してフロー経済だけで暮らしていけるようになってもらうほうがよい。そのためにも、年金は手厚いほうがよい。そうなれば、少なくとも金融資産や保険金をあてにした親族が、高齢者の死を早めるようなことだけは防げるだろう。

アメリカでも高齢者の年金給付が制度化されてから、高齢者との同居を歓迎する親族が増えたという。いわば「持参金」をもってきてくれるからだ。しかも資産とちがって個人についたものだから、横取りすることもできない。

ましてや遺産を相続する子どももおらず、あの世へ財産はもっていけないおひとりさまなら、ストックをフロー化することにためらいはないはずだ。生きているうちに生きたおカネの使い方をしたい。

第5章 どんな介護を受けるか

介護されることを受けいれる勇気

「介護されることを勇気をもって受け入れる」

病人歴の長い柳澤桂子さんは、要介護のプロとでもいうべき存在。そのひとのことばである。

そう、老後の恐怖をあおるのは、ひとりで生きていけなくなったときのことを考えるから。介護を受けるにも、柳澤さんのいうとおり「勇気」がいる。

おひとりさまに対する脅しのひとつは、「歳とったらさみしいわよ」だが、よけいなおせっかい。ただしこちらはクリアできても、もうひとつ、「だれがあなたの世話をするのよ」という脅しが待っている。そのうえ、寝たきりだ、認知症だと、他人の世話にならなくては生きられない高齢者の状況が、これでもかと報道される。家族介護という選択肢のないおひとりさまは、自分が要介護状態になったら、という予想におびえる。

その点、子どもを育てた母親は強い。「わたしがおむつを替えたんだもの、今度はあなたがおむつを替える番」と強気でいられる。夫婦のあいだではどうか。異性間の排泄介助は、セックスをした相手じゃないとできないといわれる。もちろんヘルパーさんなど、仕事でかかわるひとはべつだが、たとえ夫婦でも長いあいだセックスレスだったり、相手に触れるのにも嫌悪感をもっていたりしたら、とても下半身には触われない。「あなたのシモの世話なんてできないわ」と妻にいわれる可能性を、夫たちはまじめに考えておいたほうがよい。

既婚・非婚いずれにせよ、そして性別を問わず、超高齢社会ではおひとりさまの老後が待っている。子どもがいても高齢だし、もしかしたら逆縁で亡くなっているかもしれない。おひとりさまの介護には他人さまの手をわずらわせるほかない。

だから2000年に介護保険制度ができたときに、これはわたしのためだっ！と思った。というより、わたしだけでなく、いずれだれもがそうなる「おひとりさま」のための、家族に頼らない・頼れない老後のためにできたのが、介護保険というものだった。現実には、いまの介護保険制度にはさまざまな限界があるが、「家族に頼らない老後」という介護の社会化へ、大きな一歩を踏み出したことは評価してよい。

ピン・ピン・コロリ主義はファシズム

ところで介護についての書物は多いが、「介護されること」にふれた本は少ない。高齢社会を論じるひとたちは多いのに、ほとんどの論者は介護を他人事の一般論として扱う傾向がある。自分の身の上に起きる可能性については、ふれないように避けて通っているとしか思えない。それどころか、いかに介護を受ける状態を避けるか、そうならないためにはどうすればよいかを説くというのが定石《じょうせき》だ。

PPK（ピン・ピン・コロリ）という思想がその代表である。

死の前日までピンピン元気でいて、ある日コロリと逝くのが、老いと死の理想だとか。長野発のこのPPK運動は全国にひろがり、老人会でPPK体操を全員でやるところもあるという。聞いて背筋が寒くなった。ファシズムじゃ……。

その昔、某県の婦人会が集会のつど、全員で「障害児を産まないように、丈夫で元気な子どもを産みましょう」と唱和していたというエピソードを思い出した。「産めよ、殖やせよ」の戦時中の話ではない。ほんの数十年前のことである。少しでも社会のお荷物になりそうなもの、規格はずれの異物を排除しようというこの「人間の品質管理」の思想が、ファシズムでなくてなんだっ、と感じたのだ。それ以来、わたしはことあるごとにＰＰＫ撲滅をうったえているのだが、いっこうにＰＰＫ主義者はなくなりそうもない。

成功加齢ってなんだ？

ＰＰＫ思想に近いのがアメリカ生まれの「サクセスフル・エイジング」。高齢社会の星、95歳の日野原重明さんがまんま直訳の「成功加齢」として紹介しておられた（「95歳　私の証　あるがまま行く　成功加齢者を目指して」朝日新聞、２００７年2月17日付）。考えてみれば、90代で医療現場の現役、という日野原さんの老いの姿そのものが「高齢者の成功モデル」だろう。

老年学者の秋山弘子さんが、「サクセスフル・エイジング」に目のさめるような定義を披露してくださった。サクセスフル・エイジングとは、「中年期を死の直前まで延長すること」だそうだ。そうか、そういわれると実に腑に落ちる。つまりこれは、**「老いを受けいれたくない」「回避したい」**っていうアンチエイジングの思想ではないだろうか。

老いに、成功（サクセス）があるなら、失敗もあるってことだろうか。「勝ち犬」「負け犬」みたいに、死ぬまで「勝ち老い」「負け老い」がつきまとうなんて、ぞっとしない。

そういえば、死に方にも「正しい死に方」があるらしい。生き死にに「成功」も「正しさ」もあるかっ、本人が自分で満足するかどうかだけだろっ、と思っていたら、「満足死」という概念もあらわれた。商品と同じく、死に方にも「サティスファクション・ギャランティード」(満足保証)があるらしい。

奥野修司さんというノンフィクションライターが『満足死』(講談社現代新書、2007年)という本を出した。奥野さんによれば、「満足死」とは、本人、家族、医療関係者の3者がともに満足する死だという。死ぬのは自分だ、自分だけ満足してちゃいかんか、とつい悪態をつきたくなるが、いやはや死ぬときまで、家族や医者を「満足」させて死ななきゃいけないとはねえ。

とはいえ、奥野さんの本をよく読むと、満足死とは実は満足できる生き方のこと。そのための条件は、「病室を自宅に」の発想を転換して、「自宅を病室に」。これは在宅での全村病院化を可能にした高知県の医師、疋田善平さんの実践にもとづいている。「自分の家に帰りたい」「自分の家にいるのがいちばん」という高齢者ののぞみを、このお医者さまはよくわかっていらっしゃる。

このところ「尊厳死」だの「安楽死」だの、あやしげな標語が流通しているので、

「満足死」ということばについ過剰反応してしまう。「尊厳死」ってのはね、これ以上生かすなっていう「尊厳殺」のことよ、と喝破《かっぱ》したのは、ALS患者で人工呼吸器をつけて生きのびている橋本みさおさんだ（『マドンナの首飾り　橋本みさお、ALSという生き方』山崎摩耶、中央法規出版、２００６年）。高齢者がよく生きるための手だてを考えるのに、「満足死」よりは「満足できる生」を考えてもらいたいものだが。

ある朝ぽっくりを願っても、そうは問屋が卸さない

というわけで、高齢化を論じる本を読むと、勉強になったり納得したりするよりも（もちろんそれもあるが）、かりかりすることが多いので、それがこの本の執筆動機になったわけだが、現実をみると、どんなにPPKを願っていてもそうは問屋が卸さない、人間の生き死にに「予定どおり」はない、という厳然たる事実に直面する。

両親を看取ってつくづく思ったのは、人間のような大型動物はゆっくり死ぬということ。小鳥やハムスターなどの小動物のように、ある朝突然冷たくなっていた、ということが少ない。まず足腰が立たなくなり、寝返りがうてなくなり、食べられ

なくなり、嚥下《えんげ》障害がはじまり、そして呼吸障害が起きて死に至る。このプロセスをゆるゆるとたどるのが人間の死で、そうなれば寝たきり期間は避けられない。データによると、高齢者が死を迎えるまでに寝たきり状態で過ごす期間の平均が8・5カ月。もちろん「平均」だから、PPKである朝ぽっくりというひともいれば、寝たきりで十数年というひともいる。日本の現在の医療、衛生、栄養、介護水準が到達した「平均」がこれである。

寝たきりになっても長く生きられるのは、手厚い介護が受けられるから。それがイヤなら衛生水準や医療水準の低い社会へ行けば、すぐ死ねるだろう。病気になっても寝たきりになっても、その状態で生きつづけていられることこそ文明の恩恵。その恩恵を享受しているのが、長寿社会の高齢者だ。たとえ要介護度5になっても生きていられる社会に生まれたことを、なぜ喜ぶ代わりに、呪わなければならないのだろう?

倒れてからの鶴見和子さんの仕事

脳梗塞で半身麻痺になった父親の鶴見祐輔さんを14年間にわたって介護した鶴見和子さんは、「年寄りはね、手厚く介護するから長生きするのよ。わたしが寝たきりになったらほうっておいてね、すぐに死ぬから」とつねひごろ口にしていた。ご本人は脳梗塞で半身麻痺になってから10年間生きた。京都の有料介護施設に入居し、職員やご親族の手厚い介護を受けたたまものだと思う。亡くなられた2006年は、医療保険の改定で高齢者向けのリハビリが期間限定で打ちきりになった「改悪」の年。同じ脳梗塞に苦しんでいる免疫学者の多田富雄さんが、「医療保険の改定」が鶴見和子さんを殺した、と痛切な告発を書いておられる。

脳梗塞で倒れてから10年。それからの鶴見さんの仕事を知るものにとっては、この10年があってよかったという思いが強い。ご本人もそう思っておられることだろう。「鶴見和子の仕事」は、紀元前・紀元後みたいに、倒れる前・倒れたあとで、画期をつくっている。そして倒れてからの晩年の仕事で、鶴見さんは大ブレークした。「障害者になった」という鶴見さんの口から出ることばは深い。倒れてから彼女のつくった短歌に次のような作品がある。

感受性の貧しかりしを嘆くなり倒れし前の我が身我がこころ

（『歌集　回生』藤原書店、2001年）

学者の仕事というのは、自分の能力のかたよった一部分をもっぱら使うオタッキーな仕事だが、倒れてからの彼女は、学問、歌、踊り、キモノというそれまでつちかってきた自分の人格のあらゆる要素をフル稼働して、「鶴見和子」という全人格的な作品をつくりあげた。それによって、専門の社会学の分野以外の読者のあいだにも鶴見ファンは増えたと思う。だからやっぱり、鶴見さんが、倒れて、介護を受けて、長生きしてくださって、よかったのだ。

多田富雄さんも同じ。彼の脳梗塞の後遺障害は、発声麻痺や嚥下障害をともなっていて、鶴見さんより重い。でも人前で声が出せなくても、パソコンで文章を書くにはなんの問題もない。多田さんを免疫学者としてしか知らなかったひとたちは、要介護者としてリハビリ医療に果敢に発言を続ける多田さんの姿を見て、それまでとはちがった感銘を受けた。多田さんは二〇一〇年に亡くなられたが、要介護者となったことで、新しい使命感をもって生き抜かれた。

介護保険6年目の「見直し」で登場した介護予防事業にも、同じようなPPK思想がある。介護予防センターに集まって筋トレなぞをするのは最初から評判が悪く、結果は思わしくなかったようだが、あたりまえだ。つまるところ、介護のない状態が「自立」であり、保険は使わなければ使わないほどよい、という考え方である。政府がこんな考え方をもっているところで、「介護のされ方」なんて思想が育つわけがないだろう。

そう、「介護される」ことには、思想もノウハウもいる。柳澤さんのいうように「勇気」もいる。勇気だけでなく、智恵があれば、もっとよい介護を受けることもできるはずだ。それをまともに考える必要があると思う。

介護される側にもノウハウがいる

かねてから来客の「もてなし方」のノウハウ本はあっても、客人としての「もてなされ方」のノウハウ本がないことをふしぎに思っていた。

同じように、「ケアのしかた」についてのノウハウのあれこれはあるが、**「ケアのされ方」をだれも教えてくれないのもへんなものだ。**

介護保険制度が生まれた当初は、おカネでやりとりするケアサービスはだれにとってもはじめての体験だったから、ケアをするほうもされるほうもどちらも初心者だった。その後、ケアをする側にノウハウは蓄積したが、ケアされる側は成熟しただろうか？

これからの高齢者は、要介護の当事者として、「ケアされる側」の経験や智恵を蓄積する使命があると思う。ところがそのわりに、ケアされる側からの発言を見聞きすることは少ない。日本にはこれだけ要介護者がいて、そのなかには口の達者なひとも、筆の立つひともいるだろうに、なぜそのひとたちは「介護される経験」ってこんなものなのよ、こうすればもっとよい介護を受けられるよ、と発言してくれないのだろうか？

そのためにわたしは自分が要介護の当事者になることを心待ちにしているが（きっとうるさい要介護者になるだろう）、それまで待てない。それよりすでに介護を受けている先輩たちに、もっといろいろ聞いてみたいものだと思う。

世話されるのは針のむしろ

なぜ「介護される側」の発言が少ないかという疑問にはいくつかの答えがある。

まず、介護されることじたいに、否定的な感情があることだ。制度や法律がそう考えているだけではなく、介護されているひと自身が「できれば介護は受けたくないものだ」と思っている。自分がネガティブな感情をもっているものに対して、多くのひとがとる態度は否認、つまりあってもないことにするとか、できるだけふれないようにすること。

女だとこの感情はもっと強くなる。もともとお世話するのが仕事だったせいで、自分がお世話されるようになることを受けいれられない。なにがつらいといって、他人から責められるより、自分が自分を責めるほうがつらい。

病に倒れ、ご家族から世話を受ける立場になった柳澤桂子さんは、こう書いている。

私は母からよい嫁になるようきびしい教育を受けた。
夫を敬うこと、夫よりはいつも出過ぎず控えめに、
夫に家事をさせるなどとんでもないことである。
自分が病気になって思うようにできなくなると、
嫁としての母の教えは呪縛になった。
私はこの呪縛からなかなか抜け出せなかった。
夫が家事をしているのを見るのは、
針のむしろに座らされるようなものであった。　（前掲書）

多くの妻が、たとえかぜで熱があっても自分で家事をしてしまうのは、夫に愛情があるからでも、夫に家事能力がないからでもなく、自分のこの罪責感が耐えられないからである。夫にお茶一杯いれてもらうのに、じっと座って待っているだけで神経がすりへってしまい、こんなことなら自分でさっさと立ってお茶をいれたほうがまし、という気分になるという女性もいる。

女を〝女役割〟にしばりつけているのは、夫や子どもではなく、自分自身だ。晩ごはんにおかずが3品以上ついていないと夫に殴られる妻よりも、3品以上そろえないと自分の「気がすまない」妻のほうが多いのではないだろうか。多くの夫は、「これが妻の道」という女性の思いこみにしかたなくつきあってくれているのかもしれない。

とはいえ、岩村暢子さんの『変わる家族　変わる食卓』（勁草書房、2003年）を読むと、いまどきこういう女性は〝絶滅危惧種〟かもしれないと思えてくる。子どもに朝ごはんをきちんと食べさせる母親も、手づくりのおかずでなければ気がすまない妻も、若い世代には急速に減ってきているからだ。

女はお世話する性か？

高齢の女性の入院期間が長くなる傾向があることについて、医療関係者からこんな話を聞いた。「もう退院してもいいよ」と主治医が言っても、「先生、お願いですから置いてください」と手を合わせて拝まれるのだという。家事をするのが女の役目、家で役に立たない女の居場所はない。まして自宅療養なんて、だれにも看病してもらえる可能性はない、ということのようだ。

社会学者で障害学にくわしい立岩真也さんがALS（筋萎縮性側索硬化症）患者の自己決定について書いている（『ALS　不動の身体と息する機械』医学書院、2004年）。第3章でも少しふれたが、ALSは全身の筋肉が動かなくなっていく治療法のない難病で、いずれは呼吸困難におちいる。そのとき、人工呼吸器をつけて延命するか否かを選択しなければならない。「延命」を選べば、気管切開を行うために声を失うだけでなく、24時間人工呼吸器につながれることによって常時介助が必要になる。立岩さんのレポートによると、この「自己決定」を行うひとに男女差があるという。呼吸器をつけるのは、圧倒的に男性患者が多いのだ。

そこに生きのびる手段や生活の補助具があるとき、人工呼吸器をつけるかどうかについてだけ、わざわざ「自己決定」を迫られるというのも奇妙なものだ、と立岩さんはいう。だって近視や遠視になったひとに、わざわざ「めがねをかけますか?」と自己決定を迫るひとなんていない。人工呼吸器の場合には選択が迫られるのだが、それというのも呼吸器をつけることが「あなたには24時間介護の人手がありますか?」という問いとセットになっているからだ。

男には選べるこの選択肢が、女にはぐんと少なくなる。それが人工呼吸器をつけて生きのびているALS患者の男女差に結びつくのだという。となると「お世話する性」として生まれたことは、生命にもかかわることになる。

男というビョーキは死ぬまで治らない

女だけではない。男のほうが、「介護されること」にふがいなさや情けなさを感じるのではないだろうか。なぜって男らしさは他人に頼らないこと、自立は他人の世話にならないこと、と長いあいだ考えてきたのだから、と社会学者の副田義也さんから問題提起を受けた。

あらゆる否定感のなかでも、もっともやっかいなのは自己否定感。自立の価値に執着している男性ほど、「介護される」ことを受けいれられないというのは、なーるほど、と一瞬思ったが、待てよ、と考え直した。経験的データはそう語っていないからだ。

日本の男は、妻にかしずかれ、身のまわりの世話をやかれ、受動的にお世話されることに慣れきっている。その点では、社会的にはおとなでも、ココロとカラダは赤ちゃん状態だ。いまさら介護されることに自責の念をもつとは思えない。彼らがもっとも情けない思いをするのは、家庭内の権力が損なわれたときで、それは社会的な地位と強く相関している。

それも仕事のあるうちだけ、定年になって仕事を失ったらそれまでだろうと思っていたら、そうでもないらしい。半身不随で寝たきりのおじいちゃんが、介護しているおばあちゃんを不自由なカラダで棒をふりまわして虐待する、という話を社会学者の春日キスヨさんから聞いた。そのときのせりふが、**「だれの年金で食わせてもらってると思ってるんだ!」**。あーあ、男ってビョーキは死ぬまで治らない。

介護を受ける作法と技法

もうひとつ介護される側として問題なのは、他人にお世話されることに慣れていない女は、どんな介護を受けても「ありがたい」「もったいない」と感謝、感謝のモードに入りがちなことだ。

「ウエノさん、これでどうですか」

「ええ、ええ、それでけっこうです。ありがたいことで」

「こちらはどうですか」

「ええ、ええ、そちらもけっこうです。いつもすみませんね、ありがとう」

となりかねない。これではなにがホントにキモチいいのか相手に伝わらない。

介護される側の大先輩、柳澤桂子さんは、「誰かにしてもらうときは、してくれる人の基準にこちらが合わせる方がよい」という。プロのヘルパーさんは彼女の基準に合わせようと気をつかってくれるが、結局、ヘルパーさんの基準にこちらが合わせるほうがスムーズにいく、という経験をしている。

脳性麻痺で全身性障害の舞踏家、金満里さんも介護されることのプロ。介助者のカラダの硬さやクセに、自分の全身をあずけるときの恐怖を経験している。介護を受けている多くのひとたちには、同じような経験がある。これでは「介護されてあげる」ようなもの。高齢者施設を訪れるひとりよがりな慰問客に、入居者が拍手を送って「慰問されてあげる」ように、これではサービスの質の向上はのぞめない。

おひとりさまに必要なのは、プロの介護を受けいれるマナーとノウハウである。

他人にキモチよくしてもらうことについては、いまどきのおひとりさまはエステやマッサージで経験ずみかもしれない。だが、エステはなくてもすむが、介護はなくては生きられない。自分のイノチとカラダをあずけます、という介護にノウハウがないのはふしぎなことだ。

それに、なんといっても介護は受けるほうが身体的には弱者である。カネを払えば経済的強者に見えるかもしれないが、価格とサービスの品質が連動しないことは何度もくりかえし書いた。それなら自分がキモチよい介護を受けるためには、それなりの作法も技法もいる。

顧客満足度はあてにならない

カネを払えばだれでもお客様だが、これまでの研究からわかっていることは、「顧客満足度」が介護についてはほとんどあてにならないことだ。

理由の第1は、介護される側がいわば介護を受ける初心者で、なにがよい介護か判断する基準をもたないこと。

理由の第2は、くらべるほどの選択肢をもたないこと。なにがベストかはわからなくても、2つ以上の選択肢をくらべてみればどちらがベターかはわかる。介護保険のもとでは、いまでもサービス提供事業者の選択肢がかぎられた地域は多い。それしか選べなければ文句はいえないし、このヘルパーさんや事業者に見はなされたらあとがないと思えば、強く出ることもできない。

理由の第3は、イヤなことがあってもそれを相手に伝達できないこと。とりわけ自分のカラダをあずける相手に、ネガティブなことを伝えるのはむずかしい。とくに女は、相手を不快にすることを口にしないよう自分を抑えて生きてきた。なにごとも訓練と経験。**イヤなことをイヤと言わないようにしていると、そのうちイヤと言えなくなる。**

セクハラなんてその最たるもの。イヤと言えない相手につけこむ上位者の権力の濫用《らんよう》がセクハラだと、いまではわかっている。「だって彼女、イヤって言わなかったんだもの」という言いわけは通用しない。セクハラの加害者はたいがい小心者。イヤと面と向かって言いそうな相手にはアプローチしない程度のアタマはまわる。イヤと言えない相手にアプローチするからこそセクハラなのだ。あとで被害者から訴えられて合意のうえだと居直る男は多いが、わざわざことばで「イヤ」を言わなくたって、全身から発信しているはずのNOのサインを見逃すか、そういうあんたの鈍感さが罰せられているのだよっ、と言ってやりたい気がする。

賢い消費者になろう

メイ・サートンの親友で、フェミニズム文学批評家のキャロリン・ハイルブランはこう言っている（『女の書く自伝』大社淑子訳、みすず書房、１９９２年）。

「怒りは女にとってもっとも抑圧されてきた感情だ」

怒りを抑圧しつづけると、そのうち爆発するかって？　そういう場合もまれにはあるかもしれないが、抑圧しつづけた感情はそのうち抑圧になれっこになることが心理学ではわかっている。感情にも表現のノウハウがあり、表現しなかった感情は、表現のしかたを忘れてしまうのだ。

おカネを払えば、だれでも顧客になれる。サービス商品もりっぱな商品だから、商品の品質を向上するには顧客からのクレームが必要だ。料理人の腕だって、舌の肥えた客が育てるというではないか。グルメで知られた作家、谷崎潤一郎さんは、料理がまずいと文句をいわず、黙って立ち去り二度とその店を訪れなかったという。料理人にとってはいちばん怖い客かもしれないが、こんなことができるのは、あちらがなければこちらがあるさという選択肢がいくらでもある場合。そうでなければ、事業者やヘルパーさんに育ってもらわなくては困る。

よい商品は賢い消費者が育てる、という真理は、介護というサービス商品にもあてはまる。

介護される側の心得10カ条

わたしがケアの研究をしているのは、自分がいずれ「賢い消費者」になりたいと思うからだ。そして賢い消費者でなければ、自分のほしいサービスが得られないと知っているからだ。

これまでの研究成果にもとづいて、「よいケアを受ける方法」、いいかえれば「介護される側の心得」10カ条を、以下に述べてみよう。

①自分のココロとカラダの感覚に忠実かつ敏感になる

自分を知らなければ自己表現なんてできない。ましてや介護される側は、初体験の初心者。障害や麻痺や痛みをともなう自分の身体感覚とおずおずと対話しはじめたばかりだ。脳梗塞などの後遺障害によって要介護になるひとも多いが、考えてみ

介護される側の心得10カ条

①自分のココロとカラダの感覚に忠実かつ敏感になる
②自分にできることと、できないことの境界をわきまえる
③不必要ながまんや遠慮はしない
④なにがキモチよくて、なにがキモチ悪いかをはっきりことばで伝える
⑤相手が受けいれやすい言い方を選ぶ
⑥喜びを表現し、相手をほめる
⑦なれなれしいことばづかいや、子ども扱いを拒否する
⑧介護してくれる相手に、過剰な期待や依存をしない
⑨報酬は正規の料金で決済し、チップやモノをあげない
⑩ユーモアと感謝を忘れない

れば突然の脳梗塞を経験したことじたいが、自分の「カラダの声」に耳をすませてこなかったことのツケといえるかもしれない。多くの経験者が、あとになって「そういえばあのとき、予兆が……」とカラダからの信号を無視したことを後悔している。男性に多い〝過労死〟も、彼らがカラダの声に耳を傾けてこなかったことの結果だろう。

まず我を知れ。これが介護される側の心得、第1条である。

②自分にできることと、できないことの境界をわきまえる

介護される側の初心者は、介護を必要とする自分の状態をなかなか受けいれられない。昨日までできていたことが今日できなくなったことを認めるのがむずかしい。そのせいで、できないこともできると言ったり、つい無理をする。無理をしたって自分が困るだけ。ひいては介護するひととの関係も悪くなる。できないことはできないと言おう。

このためには「勇気」がいる。とりわけ、長年「できる」ことを誇ってきた男性や女性はたいへんだろう。こういうときに「ちづこ、できなぁ〜い」と言えるわたしは幸せ（?）かもしれないが、逆に、長年にわたって〝できることもできないふり〟をやりつづけてきたひとにもツケは来る。

要介護者としてかんじんなのは、よくいわれるが「失われた能力を補い、残された能力を活かす」こと。できないふりをしつづけて、残存能力までなくしてしまえば、困るのは自分自身だ。

③不必要ながまんや遠慮はしない

他人に世話されることに慣れていないひとは、がまんや遠慮を美徳と思う。がまん強いひとは痛みにもがまん強いが、そのせいで、病気の予兆をとりにがしてしまい、結局、重症になってから病院を訪れて、「いままでなんでがまんしてたんですか?」といわれるのがオチ。なにごとも早期発見・早期治療のほうが、自分にとっても周囲にとってもコストが少ない。**ココロにもカラダにも、がまんはなんのトクにもならない。**こういうことをあからさまに書けるのが、平和な時代のよさ。戦争でもあれば、こうはいかないものね。耐えがたきも忍びがたきも、がまん、がまんで、自分が死ぬことまでがまんしなきゃいけなくなる。

もうひとつ大事なのは、よけいな遠慮をしないこと。プロの介護者にとって、介護されるひとのよけいな遠慮や羞恥心ほどやりにくいものはない。病気ならハダカも医者の前で見せるし、下半身を看護師さんに洗ってもらうことも受けいれられる。それを「いやん」「だって」なんて患者がいちいちカラダをよじっていたら、ケアにならない。相手はプロ、自分は介護が必要な状態、とわりきって、遠慮なく介護を受けいれる。ただし、多床室の介護施設で、カーテンも引かずプライバシーまるみえで排泄介助を受けるなんていうのは論外だ。

遠慮や羞恥心は、人間関係に依存する。家族に下半身は見せたくないが他人ならよいとか、あるいはその逆とか、娘はよいが嫁はイヤとか、息子はどうしてもイヤとかいろいろだが、他人に頼る以外に選択肢のないおひとりさまなら、プロの介護を潔く受けよう。エステや韓国式あかすりでその道のプロに全身をゆだねる快感を味わったおひとりさまなら、それくらいかんたんだろう。女王様ならハダカの全身を侍女にゆだねることになんの羞恥心もない。

とはいえ、わたしは実はマッサージとあかすりが苦手。他人さまに奉仕してもらうことに居心地の悪さを感じる〝庶民〟だからだが、この抵抗感を克服するのが、わたし自身の課題かもしれない。

④なにがキモチよくて、なにがキモチ悪いかをはっきりことばで伝える

他人の痛みは他人の痛み、他人の快は他人の快。しょせん他人のカラダは他人のもの。どこがどう痛いかかゆいかなんて、他人には「言ってもらわなきゃわからない」。

痛みや快感のツボは千差万別。マニュアルどおりにやられて「キモチいいでしょ」といわれても迷惑なのは、セックスと同じ。自分のカラダを自分で知ることがまず大事だが、それを相手に伝えるのはその次に大事。ケアはひとりで完結する行為ではないからだ。

それにきちんと相手に伝えないと、相手のスキルもアップしない。**「言わなくてもわかるでしょ」の以心伝心は、夫婦や家族のあいだでも禁句だ。**夫婦は他人、家族は異文化の集合と思えば、「言わなきゃ通じない」。そして「言えば、わかる」。

困るのは、「言っても聞いてもらえない」「言ってるのに伝わらない」場合だが、これはコミュニケーションに問題がある。こういうときは、**遠慮なく相手をとりかえよう。**夫婦だって親子だって同じ。なお、相手といい関係をつくろうと思ったら、

キモチ悪いことだけでなく、キモチよいこともきちんと伝えるのが大事。ネガティブなメッセージばかりでは、関係はどんどん悪くなる。

⑤相手が受けいれやすい言い方を選ぶ

イヤなことを相手に伝えるには、技術がいる。「わたしさえ黙っていれば、ここはまるくおさまる」と不満を口にしない女性は多いが、それよりイヤなことはイヤと、しかし相手に受けいれやすい言い方で表現することはできる。

そのためにアサーティブネス・トレーニング（自己主張の訓練）や、SST（ソーシャル・スキル・トレーニング：社会生活技能訓練）がある。精神障害者の当事者でつくる「べてるの家」では、SSTを積極的にとりいれている（『べてるの家の「非」援助論』浦河べてるの家、医学書院、2002年）。いろいろな状況がシミュレーションできるから、相手の反応もある程度予想できるようになる。そうすると安心できるし、自信もつく。たいがいのひとは実地でアタマを打ちながら、カラダで授業料を払ってこういうスキルを身につけるものだが、カウンセラーやセラピストがいれば、もっと安全な環境で学ぶことができる。

わたしも昔からひとこと多いせいで、その場が凍ったり、相手が固まったり、逆ギレされたりと、ずいぶん痛い思いをして学んできた。だんだん急所を突くのに省エネでやるとか、本人が気がつかないうちに倒しているとか、ケンカ師の必殺ワザを身につけたが、敵を相手にするノウハウは介護されるときには役に立たない。

このコミュニケーションの目的は、なによりも相手を味方にして、キモチよく自分の意向を受けいれてもらうことにあるからだ。その目的を達することができず、相手にただ不平不満や文句や注文をぶつけても、自分にしわよせがくるだけ。それがわかっているから、よけいになにも言えなくなるのが介護される側の弱みだ。

自分の欠点や限界は、わざわざ指摘されるまでもなく実は自分自身にもうすうすわかっていることが多い。正しいことを言われても、言い方が気にさわるせいで聞く耳をもてない場合はしばしばある。「言い方に気をつけよ」は、家族のなかでも真実だ。

⑥喜びを表現し、相手をほめる

妻のつくった料理を、おいしいときは黙って食べ、まずいときはかならず文句をいう夫はたくさんいる。逆にしろとはいわないが、的確に評すれば、相手の料理の腕も上がるのに。ほめことばを言っても自分の持ち分が減るわけじゃなし、お世辞をいう必要はないが、相手をほめることばを出し惜しみする必要はない。

そう思って他人を見れば、だれにでもひとつやふたつは美点があるものだ。わたしは友人から食事に招かれることが多いが、それは、いかにもおいしそうに食べるのと、おいしいときはおいしいとかけ声のように口にするからだという。ニューヨーク時代にしょっちゅう食事におじゃましていた直美さんは、「あなたが帰ってから、食事どきの〝おいしいねっ！〟っていうかけ声が聞けなくなってさみしい」と言ってくれた。**口先ひとつで食事に招いてもらえるならお安いご用。**いくらでもかけ声をおかけしましょう、という気分になる。

日本人がヘタなのは、もうひとつ、喜びを表現すること。さる文化人類学者の説によると、狭いムラ社会で他人の嫉妬や羨望を買わないようにするために育った智恵だという。ホントかね。こういう国民性論や文化本質主義は、最近の若いスポーツ選手を見ているとふっとぶ。彼らは喜びを実に率直に、全身で表現するからだ。しかも「おクニのため」ではなく、「自分自身のため」に勝ったことがうれしい、と。

喜怒哀楽は社会的な感情だ。表現のノウハウもあるし、表現していないと忘れる。ほめたり感謝したりにはことばがいるが、感情表現にはことばはいらない。認知症がすすんで介護者に「ありがとう」を言えなくなったお年寄りにも、喜びや哀しみの感情表現はある。**認知症は、認知障害ではあっても、感情障害ではない**、というのが、認知症の専門医、小澤勲さんの見解だ（『痴呆を生きるということ』岩波新書、２００３年）。たとえ感謝のことばは聞けなくても、喜んでいる様子はわかる。それが介護者にとってはなによりの報酬になる。『介護入門』（文藝春秋、２００４年）で芥川賞を受賞した作家、モブ・ノリオさんが書いていた。どんなに親戚が悪く言おうと、寝たきりのばあちゃんがオレだけに見せるとびっきりの笑顔、それがオレの最高の報酬だと。

⑦なれなれしいことばづかいや、子ども扱いを拒否する

親しくなれば、ことばづかいも変わる。それどころか、日本には赤の他人との関係をつくりだすために、本来、親族に対して使われることばを転用するという用語法さえある。おじさん、おばさん、おねえさん、おにいさん……という呼び名は、もともと呼びかける本人から見て「叔父さん」や「お姉さん」の位置にあたるという意味から来たものだ。だから「おばあさん」と呼ばれたら、「ばあさんとあたしを呼ぶのは孫でたくさん、あんたのばあさんじゃないよ」と言い返せばよい。その孫にだって「おばあさん」と呼ばせるのを拒否している祖母もいる。

介護施設でしばしば問題になることだが、介護職員が入居者を「おばあちゃん」と呼んだり、「あーんして」と赤ちゃんことばで話しかけたりすることがある。高齢者は子どもではない。甲羅《こうら》を経た人生の先達《せんだつ》、酸いも甘いも経験してきた古強者《ふるつわもの》だ。ここはそういう人格を尊重して、「ウエノさん、どうですか」と敬称をつけて姓で呼んでもらいたい。そしてもしそうでないなら、そう呼んでもらえるように要求したらよい。きちんとした事業者や施設なら、職員をそのように研修している。そうでなければ事業者や施設に問題があると判断してもよい。

どこかのサロンのように「ご利用者様」とか「ウエノさま」とか歯の浮くような敬語はいらないが、ことばづかいも丁寧語をくずさないほうが互いのためによい。丁寧語は、相手とのあいだに距離を置く技法である。丁寧語を使いつづけるかぎり、「わたしはあなたとこの距離を詰めるつもりはありませんよ」というメッセージが伝わる。これを社会学の用語で「**儀礼的距離化**」という。ラッシュアワーの満員電車でカラダを密着させた相手とは目をそらすとか、ホントはまるみえなのに見てみないふりをする結界《けっかい》とかは、この儀礼的距離化の例である。

こういう儀礼的な距離化が必要なのは、介護が相手との接触をともない、カラダの傷つきやすいところまでさらす関係だからだ。いっぽうで距離のない関係は、もういっぽうで距離をつくっておくことでバランスをとるほうがよい。

⑧介護してくれる相手に、過剰な期待や依存をしない

親しくなれば甘えが出る。仕事で関係している以上に、相手に踏みこみたい気持ちがつのる。神奈川県の高齢者施設でデイサービスのボランティアをしている女性に話をうかがう機会があった。デイサービスに通ってくる高齢者のなかには、自宅へ招待してくれたり、病気で入院したときにお見舞いに来てほしいと言うひともいるが、それには応じないようにしているという。冷たいと思うかもしれないが、応じれば、自分のボランティアが長続きしないことをわきまえているからだ。

介護施設のなかには、介護職員が要介護者の「家族」や「お友だち」のような役割を果たすことを積極的にすすめるところもある。そして、こういう「公私混同」

の介護を「家族的」とか「親身な介護」として賞揚《しょうよう》する傾向がある。だが、高齢者を旅行に連れ出したり、本人の自宅へ同行したりする行為が、時間外や休日に行われたら、結局のところ介護者の善意を利用する「時間外サービス」になってしまう。介護には、どこまでやればじゅうぶんという制限のなさ、つまり「無限定性」という性格がある。家族なら背負ってしまいかねないこの介護の「無限定性」に、時間や内容で制限をかけているのが「仕事」としての介護だ。それを利用者も介護者もきちんとわきまえる必要がある。

介護される側が、みずからこういう歯止めをかけるのはむずかしい。が、それというのも要介護の高齢者の人間関係があまりに限定されているからだ。よく「ヘルパーさんにもっと話を聞いてもらいたい」とか、ヘルパーさんのほうも「もっと話を聞いてあげたいが、その余裕がない」という話を聞く。ほかに話を聞いてくれる相手がいないから、要求はヘルパーさんに向く。

介護は介護、友人は友人、家族は家族、と思えないものだろうか。友人にするような話を介護者にする必要はないし、家族に求めるものをヘルパーさんに求める必要もない。友人は家族の代わりにはなれないが、家族も友人の代わりにはなれない。そう考えれば、ヘルパーさんと家族や友人にならなくてもよい。

ただしこう言えるのは、友人や家族のオプションをたっぷりもっているひとの場合だ。たとえカラダが不自由でもコミュニケーションの相手とその手段をじゅうぶんにストックしているひとなら、ひとりのヘルパーさんに家族も友人も介護も……という「無限定」な要求を押しつける心配はないのだが。

⑨報酬は正規の料金で決済し、チップやモノをあげない

対人サービスを利用する際に、料金外のチップや謝礼をどうするかはアタマの痛い問題だ。とりわけイノチや健康がかかっているときには無視できない。

手術前の医者にいくら包むかで、患者とその家族はいつでもアタマを悩ませるし、相手が受け取ってくれるかどうかはやってみないとわからない。医者の世界には、税務署に申告しないヤミ所得がある。政治家へのヤミ献金と同じく、領収書を書いてくれとはだれも言わない。病院に「患者様からの金品の受け取りは固くお断りいたします」と貼りだしてあっても、医者が「いくらもらったかで治療を手加減することはない」と言っても、弱い立場におかれた患者は疑心暗鬼《ぎしんあんき》にならざるをえないのだ。

海外旅行での悩みのタネも、対人サービス業へのチップ。日本にはチップの習慣がないから、いくらあげたらいいのかあれこれ迷う。多すぎないか、少なすぎないか、チップの多寡《たか》でサービスが変わるのではないか、食事のあいだじゅう悩みつづけたりする。だから、料金に「サービス料」が入っているとほっとする。

介護は、ましてや自分のカラダに直接関係する対人サービス業。このひとによくしてもらいたいと思えば、**金品で相手の歓心を買いたくなる**高齢者の気持ちもわからないではない。だからこそヘルパーステーションのなかには、利用者から職員が「金品を受け取ることを固くお断りします」ときちんと規定をつくっているところがある。常識だと思う。だが、利用者側のあげたい気持ちを抑制することはむずかしく、現場のヘルパーさんは「あまり杓子定規《しやくしじようぎ》なのも……」と、そのはざまに立たされることになる。

介護される側の心得のなかでは、「感謝は、ことばと態度で」「料金はきっちり払うが、よぶんな金品はわたさない」というルールを守るのも大切なことだ。実際に働いている介護者のひとたちに聞くと、モノをもらうよりもっとうれしいのが、利用者の笑顔や感謝のことば。手ごたえややりがいは、おカネやモノでは買えないと知るべし。

⑩ユーモアと感謝を忘れない

最後にこれ。多くの要介護マニュアルには、「感謝を忘れない」が最初に出てくるかもしれないが、わたしの10カ条では最後。というのは、これ以前の９カ条を実践してこその最後の「感謝」だからだ。最初に感謝ありき、では介護サービスの品質向上はのぞめない。

介護されることは、つらいものだ。それをはっきり認めよう。高齢の要介護者は、いわば中途障害者。介護を受けずに暮らしていたときのことを覚えている。だれがなんと慰めてくれようと、自分で自分の状況をつらい、苦しいと思う気持ちを抑えることはむずかしい。介護者にしてみれば、生活支援や身体介護のほかに、落ちこんだ高齢者の心のケアまでしなければならないのは負担が重すぎる。要介護者のカラダは、介護者にとってはしょせん他人のカラダだ。

それと同じように、介護されている側も、介護されている自分をつきはなして第三者的に観察することもできる。「へえー、麻痺した脚ってこんなに重いんだ」とか「これが自分の手とはねえ」とか。ユーモアとは、自分を現実からひきはなす、ず、らしの精神、諧謔《かいぎやく》から生まれる。そうなれば介護者と要介護者はいっしょに笑える。そして、そうなった自分を支えてくれるだれかがいることに、感謝しないではいられない。

こう書いてみれば、この10カ条はあらゆるコミュニケーションの基本ともいうべきものだ。ケアという関係は介護する側とされる側の相互行為であり、したがってコミュニケーションだとわたしは主張してきたが、ほかのどんなコミュニケーションにもあてはまる基本的な原則がならんだ。そしてコミュニケーションには、いっぽうだけの当事者というのはいないから、「介護する側のノウハウ」があれば「介護される側のノウハウ」もあって当然だろう。

ほんとうをいえば、こういう10カ条は、わたし自身が要介護者になってから書いたほうがずっと迫力があるだろうな。それでもいろいろなひとに会ったり、経験談を聞いたりしているうちに、このくらいのノウハウはしだいにわかってきた。

そのうち、わたしがホンモノの要介護者になったら、このリストの改訂版ができるかもしれない。どの項目がなくなって、どんな項目が増えるか、そのときを乞うご期待！　そう思えば、**要介護者になることも次のお楽しみになる。**

第6章 どんなふうに「終わる」か

だれになにを遺すか

死ねば遺産はどこへ行く?

さて、最後に死に方と死んだあとのことを考えてみたい。手はじめに、遺産について。何十年も働いてきたおひとりさまなら、大富豪とはいかなくても、遺すもののいくらかはある。

まず、自分名義の不動産がある。リバースモーゲージで死ぬまでにすっかりフロー化してしまっていなければ、自分が暮らしていた持ち家は残る。ケア付き住宅で終身利用権を買い取り、それでおカネを使い果たしていればいちばんすっきりするが、それでも貯蓄や保険、株などの金融資産がいくらかは残るだろう。

黙って亡くなれば、遺産は法定相続人のところへ行く。この優先順位は法律で決まっている。子どもがいれば、子どもが受け継ぐ。子どもがいない場合、親が生きていれば親のところへ行くが、高齢おひとりさまの場合は親が生きている可能性は少ないから、きょうだいがいれば兄弟姉妹のところへ。そして、きょうだいが亡くなっていれば姪や甥のところへ行く。

　超高齢になれば、縁者の数はどんどん減っているだろうから、親等にしたがって遠縁の親族へと相続権が移行する。イギリスの小説には、お金持ちの老嬢が亡くなって、その遺産が会ったこともない遠縁の若者にころがりこむ、なんていう話があって、若いころはわたしにもそんなうまい話があればなあ、と思ったものだ。

　このところ少子化のせいで、そもそも親族縁者の数そのものが少ない。吉田太一さんの『遺品整理屋は見た！』（扶桑社、２００６年）を読むと、遺品の整理を依頼するひとのなかには、遠縁をたどって生前一度も故人に会ったことのない甥とかそのまた子どもとかがいるそうだ。孤独死するひとはもともと縁の薄いひとだから、そういうこともあるだろう。突然あなたが相続人です、と言われても、雑然として住み古された公団住宅の一区画などに責任をもたされてはかなわない。吉田さんのような業者さんに、「現場に立ち会いたくないから、なんとでもしてほしい」と言いたくなるのも無理はない。

　わたしは〝負け犬〟のおひとりさまである。両親はすでにこの世にいない。黙っていれば、わたしの遺産（住んでいる家といくばくかの金融資産）はきょうだいと甥姪に行く。それぞれ一人前に暮らしを立てているきょうだいたちに、わたしが遺産を残す理由はない。愛情がないわけではないが、年に一度会うか会わないかのきょうだいより、わたしにはもっと親しい、大切な友人たちがいる。できれば血縁のつながったひとたちより、人生の途上で出会い、親族よりも大切な存在となったこのひとたちに遺産を残したい。

そう思うひとは、わたしでなくても多いことだろう。おひとりさまでなくても、レズビアンやゲイのカップルで子どものいないひとたち。そして、子どもはいるが疎遠だったり、もう責任は果たしたと思えるひとたちも。

遺言をどう書くか

だから、遺言である。このところ自分史ブームに続いて、遺言ブームが起きた。自分の生きたいように生きてきたひとたちが、高齢になって、自分の死んだあとの処理にも自分の意思を通したいと思うのは、ごく自然なことだ。

遺言を書きたいが、書き方がわからないひとに向けて、『遺言ノート』（ベストセラーズ、1996年／『新・遺言ノート』同社より2002年）という書きこみ式の本が出ている。編著者の井上治代さんはエンディングセンター（死と葬送に関する情報提供やサポート業務などを行う市民団体）の理事長をつとめている。

気持ちが変わったら遺言も変える

麻鳥澄江さんと鈴木ふみさんの共著で『女の遺言』（御茶の水書房、２００６年）が出た。この本のカバーには「女の遺言とは『ひとり分』のわたしを応援する、生きることの宣言です」とある。〝確信犯〟おひとりさま向けの遺言ガイドである。

麻鳥さんと鈴木さんの本には、遺産を残したいひとたちのほかに、「ぜったいに遺したくないひとたち」というネガティブリストもあってその周到な配慮に感心した。たとえば、自分を虐待した親族、いっしょにお墓に入りたくない舅や姑、実子であっても縁を切りたい娘や息子……。親族だからといって大事にされてきたとはかぎらないし、大事にしたいわけでもない事情をもったひとたちはたくさんいる。

あたりまえのことだけれど、遺言は生きているあいだに書く。遺言は死ぬためにではなく、生きている自分のために書くものだ。生きているかぎり人間関係も変われば、考えも変わる。だから遺言には日付が必要で、日付の新しいもののほうが古いものより有効、というきまりがある。遺言とは、実際に死ぬまで、何度もバージョンが変わって当然なのだ。

わたしは40代のはじめに生まれてはじめて遺言を書いた。きっかけは外国滞在。ドイツに1年間暮らしたとき、乗り換えを含めて飛行機に計53回乗った。飛行機事故というのは、たんに確率の問題だ。長時間乗れば、落ちる確率は増える。いつなにがあってもふしぎではないから、子どものないわたしとしては、遺言を書いておこうと思った。それから何回か、**人間関係が**（それに男も）**変わるたびにバージョンを書き換えてきた**。

たとえば、住居について。現在、都内にある自宅は4LDK。ひとりではもてあましている。都内の住宅事情の悪さはよく知っているから、ここは日本に滞在する外国人の研究者が短期間家族とともに使ったり、アジアからの貧しい留学生が共同住宅みたいにして住んでもらえばよい。

また、いくばくかの金融資産は、期間限定でアジアからの女子留学生に奨学金として贈りたい。ゼロ金利時代に利息で運用益を出すなんてとうていのぞめそうもないし、それほどの原資でもないから、遺言を執行するように頼まれたひとの負担も考えて、何年か以内に使いきる、というあとくされのないやり方にする。もちろん手続きを負担してくれるひとたちの人件費を入れて、だ。

未来に投資する楽しみ

　病におかされ余命を保証できないと宣告された瑞枝さんは、ひとりで働きつづけてきたキャリア女性。自分の生きているあいだに生きたカネを使いたいと、４０００万円の預託をあるＮＰＯ団体に申し出た。若い人材の育成費用にあてたい、という。その運営のノウハウを蓄積してもらえば、のちのひとたちの参考になるだろう。

　歴史学者の脇田晴子さんは、自分の受け取る年金の一部をあてて、女性史学賞を創設した。夫も子どももいて、京都にりっぱなご自宅のある脇田さんは生活に困らない。自分で審査委員を指名し、**自分で顕彰した若い歴史学者が育つのを生きているあいだに目にできる。**なるほど、こういう手もあるのか、と感心した。

　年金なら、彼女が生きているあいだは確実に続く。利回りの変動で事業を左右される財団などより、ずっと財政基盤が安定している。ご本人が元本だから、生きておられるかぎり元本割れはない。この賞が続くようにご本人が長生きされることを、だれもがのぞむだろう。もと教師に認知症の発症率が高いと耳にして、わたしもそうなるかも、と思っているが、この賞の話を聞いてからは、もし脇田さんが認知症になったら……と勝手に想像をふくらませてにんまりすることがある。失礼ながら少々ぼけの入った超高齢の脇田さんが、車いすでにこにこしながら若い女性史学者の授賞式に出席する姿が目に浮かぶ。「ありがとうございます」と上気しながら脇田さんにお礼を言う受賞者に、「はて、わたしがあなたになにかしましたっけ?」と、とぼけた返事が返ってくるとか、空想はとどまらない。

かねてから思っていたが、功なり名とげたひとに対して顕彰事業をする必要はないと思う。そういうひとたちは、すでに地位や名誉でじゅうぶんに報われているからだ。顕彰するなら若い才能や努力に対して。これこそが未来への投資である。

脇田さんの女性史学賞は、ご本人の名前がつかない。中世商業史の研究者として一家をなしていた脇田さんが、同僚の白い目をよそに「女性史」の看板を公然と掲げたのは、ずっとあとのことだった。それからたくさんの後輩を育ててこられたが、女性史を保守的な歴史学の業界で認めさせるまでの苦闘や口惜《くちお》しさをたっぷり味わってこられたことだろう。この業界には、社会人になってから学問をはじめたレイト・スターターもいることを考えて、受賞対象は単著・共著、年齢、性別、国籍を問わず日本語で書かれた作品(単行本)とした。心憎い配慮である。

脇田さんには3人の子どもがいるが、いずれも息子さん。たとえ子どもがいても子どもを自分の学問の後継者にする時代ではない。わたしは子どもがいないが、教師稼業を長年やっていると、教育という「未来への投資」の値うちがよくわかる。他人が産んだ血のつながらない子どもたちを育てるのは、教師の楽しみのひとつだ。意欲と能力をもちながら、経済的に苦労している多くの女性、わけてもアジア圏からの留学生を見ていると、応援してあげたいと思う。

死後に「生きガネ」を使う

というのも、わたし自身が応援してもらった記憶があるからだ。わたしは30代になってから新渡戸稲造《にとべいなぞう》の名前を冠したニトベ・フェローシップという奨学金を受けてアメリカに２年間留学させてもらった。この２年間はわたしの人生を大きく変えた。

わたしの20代は１ドルが３６０円の固定レート制、外貨持ち出し制限が５００ドルという時代だった。海外に出ていった同世代の若者たちは、片道切符を手に、下宿を整理してから出かけたものだ。卒業旅行に気軽に海外へ出る最近の若者には想像できないことだろう。

あれこれ推測してみると２年間でわたしには約１０００万円以上のおカネがかかっている。海のものとも山のものとも知れない駆け出しの研究者に、それだけの投資をしてハズレもあるだろう。理工系が対象となることの多い奨学金のなかで、この奨学金は、社会科学系の人材を100人海外へ送り出すことを目標としていた（76年の発足時より32年間で170名を送り出し、2007年で終了）。現在活躍している社会科学者で、この恩恵をこうむったひとたちは多い。いまでもこの奨学金に応募するようすすめてくださった学会の大先輩には深く感謝している。

さんざんめんどうをみた大学院生が、博士号を取得して就職先が決まったとき、彼女はわたしにこう言ったものだ。

「たいへんお世話になりました。このご恩はこれから来る学生へ返します」

見上げた発言である。

遺言を書けば、そして、あなたの遺志の執行人を得ることができれば、こういう〝生きガネ〟を死後に使うこともできる。

親族遺留分の壁をどうクリアするか

ところで、この遺言の前に立ちはだかるのが「親族遺留分」という壁である。日本の法律は個人主義でできているはずなのに（たとえば夫婦共産制や家産を認めていない）、なぜだか遺言に関してだけはそうではない。自分の財産を死後、自分の意思でどのように処分してもよいというのが「遺言」の効力のはずなのに、その個人の意思は自分の財産に対して半分までしか及ばないのだ。

遺言状にどんなことが書いてあっても、半分までしか効力がなく、残りの半分は法定相続人のところへ行くように法律は親族の権利を守っている。法定遺留分は、親が相続人の場合は3分の1、配偶者と子どもの場合には2分の1である。きょうだいには権利はない。

じゃあ、「全財産は友人の○○さんに……」なんて遺言に書いてもムダかというと、そうではない。遺留分は、その権利のある者が請求してはじめて効力を生じるものだからだ。とはいえ自分が死んだあと、親族のだれもが遺言に文句をいわず、遺留分を放棄するとはかぎらない。親もなく子もない高齢おひとりさまは、遺留分を心配しなくてよいが、どうしても渡したくない親や配偶者や子がいれば、家庭裁判所に申し立てをして相続人から廃除することができると、『女の遺言』で教えてもらった。

法律が親族遺留分を守ったのは、自分勝手な遺言を残して、配偶者や子どもの生活保障を考えないオヤジの専横《せんおう》から女、子どもを守るためというが、ホントにそうか。

「自分のものなのに、自分の権利が半分しか及ばないなんて、親族遺留分はけしからん。勝手に処分してなにが悪い」とわたしがいきまくと、あるひとがこう言った。「たとえばさあ、お金持ちのお年寄りの最期を親切な家政婦さんが看取って、そのひとに全財産残すとかって遺言されたら、やっぱり困るでしょ？」

なにが困るんだろう？　晩年のさみしさを癒やしてくれたのが、その女性だけだったとしたら、その程度の家族関係しかつくってこなかった本人たちの問題だろう。そのリスクも含んでの遺言個人主義じゃないかっ、とわたしなどは思うが、これには反発するひとも多いかもしれない。夫婦別姓選択制を推進する民法改正には熱心になれないけど、この親族遺留分の撤廃のための民法改正運動ならやってもかまわないと思う。

養子100人つくろかな？

女に男並みの所得があれば、婚姻制度にほとんどなんのメリットもない。それどころか、現在の法律はあの手この手を使って、女に結婚して働かないほうが有利ですよとすすめている。だからわたしはなんであれ、女を結婚へ誘導するような制度や法律はないほうがよいと思っているが（趣味や信条で結婚するひとは自由にしたらよい。だがその場合は結婚したからといって法律に特別扱いを期待しないでもらいたい）、逆に結婚が特別に優遇される制度だから、それに便乗するやり方もある。同性婚を認めたり、性別や親族関係を問わないパートナーシップを認めるフランスのパクス法がその例である。でも、親密な関係のひとがひとりとはかぎらないから、なにもカップルを最優先する理由はないと思う。

親族遺留分についても、おかしいと怒る代わりに逆利用するやり方もある。法律にとっては、親族とは血縁や親密さではなく法の決める関係。本人たちが疎遠だろうが憎みあっていようが、法律は関知しない。それを逆用して他人とどしどし法律上の家族になってしまえば、堂々と権利を行使できる。

いまの法律のもとでは夫や妻はひとりしか選べない（笑）、しかも異性しか選べないが、親子にはかんたんになれる。日本の養子縁組制度はもともと家の継承を目的としていて、子どもの福祉や養育を想定したものではない。とりわけ成人同士の養子縁組は、単身者であってもすこぶるかんたんだ。年少者が年長者を養子にすることはできないという年齢の逆転についての制限はあるが、たった１日の年齢差だって親子になれる。この制度を利用して、親を亡くし子どももいないおひとりさま同士のあいだで、どんどん養子縁組してはどうだろう？　いっそのこと友だち１０

0人ではないが、養子100人つくろかな、と法の有効利用を考えてもよい。

ネックは結婚制度と同様に、氏を同じくしなければならないこと。これだって、ふだんの生活では通称を使用すればいいんだし、そのうち「親子別姓選択制」なんていう民法改正案ができるかも。フェミニストは家族制度の破壊者とよばれてきたが、これなら大家族主義者ということになる。文句あるか。

おカネのほかになにを遺すか

記念館をつくって歴史に名を残す（笑）

さて、なにを遺すか。

おひとりさまは子孫を残さない。だから自分の墓守もいない。守ってくれるひとのいない墓はいらない。動産はいずれなくなるし、不動産だって人手にわたる。銅像もいらないし、記念碑や記念館も縁遠い。遺著や遺稿集を出すひともいるだろうが、関係のないひとにはただのゴミ。100年後の歴史に名を残す、なんていう誇大妄想は男だけの特権、おっとビョーキだろう。

このところ町おこしの観光スポットづくりに、よく郷土出身の作家や画家がかつぎだされる。で、**記念館建設ブームなんだそうだが、どうもね、と思わないわけにいかない。**

ジャーナリズムで仕事をしているひとは、メディアで発言しなくなって10年もすれば忘れ去られる。読者の世代交代は早い。山中湖畔にある三島由紀夫文学館とか小諸の島崎藤村記念館とかは観光スポットになっているらしいが、採算ベースにのる記念館は、美空ひばりやビートルズなどの人気者にかぎられる。その美空ひばり記念館も、2006年11月で閉館されたそうだ。人気者は忘れられるのも早い。民間の記念館は自治体に寄贈するケースもあるが、ありがた迷惑ともいえず、ひきうけた結果、その維持負担が持ちおもりしている自治体はいくつもある。

高知県本山町という山のなかの小さな自治体には大原富枝文学館がある。野中兼山一族の悲劇を描いた「婉《えん》という女」で毎日出版文化賞や野間文芸賞をとった女性作家でわたしはファンだが、いまはほとんどのひとから忘れられているようだ。本人が寄贈した実家の跡地に自治体首長の肝いりでりっぱな記念館ができ、館内には本人の書斎の復元もある。「郷土の偉人」扱いである。ご本人が生前みずから記念館設立に意欲をもち、私財を投じ、生前は文学講座のために東京から定期的に通ってきておられたというが、わたしが行ったときには閑古鳥《かんこどり》が鳴いていた。職員のふたりの女性はてもちぶさたで、そのせいか、ずいぶん親切にしていただいた。

北海道旭川市には、三浦綾子記念文学館がある。といっても、そのひとだれ？と聞き返されるだろう。朝日新聞の1000万円懸賞小説『氷点』で入賞し、最近も石原さとみ主演でドラマ化されたり、何度も映画化されたから覚えているひともいるかもしれない。とはいっても、「ああ、そういえば、そういうひともいたわね」という程度。よほどのファンでもなければ訪れるひとは少ないだろう。

このての記念館、本人や遺族が自己負担でつくるぶんには、銅像や肖像画みたいなものだから好きにしてよいが、自治体が公費を使ってやるというなら賛成できない。つくるのは簡単だが、維持するのはたいへん。建物の維持費や光熱費だけでなく、人件費がかかる。

本を寄贈する

わたし程度の文筆業者はざらにいるから記念館の心配はしなくてよいが、心配なのは残された蔵書のこと。研究者にとって本は商売道具だから、その数たるやはんぱではない。とはいえ、歴史家でも本フェチでもないから、稀覯《きこう》本や初版本のような貴重なものはほとんどなく、あとは雑本のたぐい。

蔵書の後始末を遺言せずに死んでしまった友人に、英文学者の渡辺和子さんがいる。このひとの蔵書は友人たちの配慮で京都府女性総合センターの図書室に、「渡辺和子記念文庫」と名を冠して収蔵されることになった。生前に寄贈の意思を表明した方もある。国際的な社会学者の鶴見和子さんは、甥の鶴見太郎さんが勤務していた京都文教大学の図書館に蔵書を寄贈した。これも「鶴見和子文庫」と名づけられて、手稿のたぐいとともに収蔵されている。

いっそキロいくらで売りとばすか

これを聞いてあせったね。本を寄付するのはいっこうにかまわないが、「ウエノチズコ文庫」などと名前をつけて公開されては困る。鶴見さんほどの大学者ではない、ちんぴら社会学者のわたしの蔵書は雑本だらけ。「なあーんだ、このひと、この程度の本しか読んでいなかったの」とか「あらこの本、読んだ形跡ないわね」とか思われるとイヤだから。**それに下ネタ学者で売り出したわたしの本棚には、危ない系の本もいろいろある。**

わたしはいまでも自分の私的な本棚を他人に見せるのはきらいだが、それは本棚というものがそのひとのアタマのなかを反映しているからだ。同じ関心は他人の本棚に向かう。他人の家に行けば本棚のほうにふむふむと嗅覚が向くが、自分の家でそれをやられるのはお断わり。こういう詮索は、プライバシーをのぞき見されるよりもっとイヤなものだ。

というわけで、自分の蔵書をどこかに寄贈するのにやぶさかではないが、「ウエノチズコ文庫」などという名前を冠するのだけはやめてほしい。いまのうちにここに書いておこう。ふつうの蔵書にまぎれてしまうのがいちばんだ。

最近では公設の図書館はスペース不足で、本を寄贈してもらっても置く場所がないからかえって迷惑ということもある。索引をつくるのに人手がまわらないから、そちらでつけてくれるならひきとる、なんて条件付きもある。それならいっそ予算の少ない海外の大学図書館へ、日本の女性学研究の資料として寄贈してもよいが、その場合は、海外への莫大な送料をだれが負担するかがまたまた問題になる。

索引をつけ、重複をチェックし、送料自己負担で送り出さなければ、本をひきとってもらうこともできない時代になった。いっそキロあたりいくらで古書店に売ってしまうほうがすっきりするかも。

自分史を残す

自分自身のための紙の記念碑が「自分史」だ。

歴史家の色川大吉さんが「自分史」ということばを発明して以来、なにも有名人じゃなくたって、だれもがひとりひとりの自分史を書いていいんだ、と一大ブームになった。書きこみ式のマニュアル本もたくさん出ている。

とはいえ**自分史は「自慢史」**ともいわれる。自分の人生を〝粉飾決算〟する誘惑にうちかつのはむずかしい。政治家や創業経営者のなかには、忙しくて自分で書くヒマがないから、とプロのライターを雇って〝わたしのプロジェクトX〟をしゃべりまくり、聞き書きで「自慢史」をまとめてもらうひともいる。

自費出版して知人、友人に配るひともいるが、家族のアルバムと同じく、自分史は本人とその関係者にだけ価値のあるもの。それ以外のひとにはなんの意味もない、ただのやっかいなしろものにすぎない。

ほんとうに価値があるのは、特定のひとにあてたメッセージとしての自分史。わが子にあてて自分の生きたあかしを残したい、と思って書かれた記録なら、残された子どもたちにとってかけがえのない宝物になるだろう。

遺すと困るものもある

遺したほうがいいものもあるが、遺すと困るものもある。

わたしの知人が、愛人に急死された。最初にパニくったのが、彼女を相手にオトナのプレーをしていた小道具を、遺族が発見したらどうしようということ。それでなくても娘の予期せぬ死に悲嘆にくれている遺族が、遺品のなかにムチや皮手錠を見つけたときのショックは想像にあまりある。

彼女はひとり暮らし。彼はそのマンションの合カギを持っていた。さてどうするか。彼は訃報を受けてから、哀しんでいる余裕もなく、いかに遺族の目を盗んでその小道具を持ち出すかを考えるのに必死だったという。

おひとりさまの遺品にも、封印しておいたほうがよいものや、早めに処分しておいたほうがよいものがあるだろう。その対策は考えておいたほうがよい。

困るものの筆頭はペット

遺すと困るものの筆頭は、ペットなどの生き物。飼い主に忠実で他人になつかない〝忠犬〟だと、遺されたほうも当のペットも両方たいへんだ。大型犬なら都会のマンションでは飼えないし、は虫類など、変わった趣味だとこれも当惑する。

これまで次々に犬を飼いつづけてきたおひとりさまの美恵子さんは、11年飼った柴犬に死なれたあと、57歳で一念発起して甲斐犬の子犬を手に入れた。彼女は中型の日本犬が好き。今度の血統書付きの甲斐犬は、みるからに狩猟向きの精悍《せいかん》でやんちゃそうな顔をしている。犬の寿命は14年と読んで、自分のいまの年齢を考えると、散歩に連れ出したりめんどうをみたりするのは、これが限界だと思ったのだとか。生涯で最後に飼う一匹、と思えば選ぶのにも気合いが入った。

これだけ周到に考えて行動しても、予定どおりにはいかないのが人生。それに高齢者のケアにペットが果たすやすらぎ効果は証明ずみ。人間用の介護保険だけでなく、飼い主に死別したペットを死ぬまでめんどうみてくれる「老犬用介護保険」があれば、高齢者も安心してペットが飼えるだろう。ペットはいまや、家族の一員。遺して先立つことに不安をおぼえるのは、子どもに対してだけではない。

パソコンや携帯のメモリは要注意

ひと昔前なら遺すと困るものは、ひとに読ませたくない日記や隠しとおした昔の恋人からのラブレターなど、紙媒体の記録だった。いま遺して困るものはパソコンや携帯のメモリである。

絲山秋子さんの芥川賞受賞作『沖で待つ』（文藝春秋、2006年）は、総合職の女性と同期の男性との友情を描いて評判になった作品だ。そのなかに主人公の女性が、急逝したその男性のマンションへ合カギで忍びこみ、ハードディスクを破壊するというエピソードがある。生前にお互いに交わした約束を果たすためだ。パソコンのハードディスクは、いまやアタマのなかから移転したメモリの集積。残されたひとに知られて困ることもいろいろある。

そういえば小池真理子さんの小説『エリカ』（中央公論新社、2005年）にも、不倫をしている人妻が入浴中に急死し、浴槽に携帯電話を落としてメモリをだいなしにしたというくだりがある。携帯電話は不倫の必須アイテム。それを知っていた女友だちは、彼女が最後の力をふりしぼってバスタブに携帯を沈めたのだろうと想像する。こういうときのために携帯はヘタに防水機能なんかないほうがいいかもしれない。

人間は死んでなにを遺すか？

ひとは死んでなにを遺すか？　モノは散逸し、無くなり、腐る。不動産は人手にわたる。最後に遺るのは、残されたひとびとのうちにある記憶である。**ひとは死んで、残った者に記憶を残す。**そして記憶というのは、それをもったひとが生きているあいだは残るが、そのひとたちの死とともにかならず消えてなくなる運命にある。

欧米の家庭には、暖炉の上やベッドサイドに家族写真を飾る習慣がある。生きているあいだは、毎日「キミのことを思ってるよ」というサインだが、亡くなればそのまま位牌代わりになる。日本の神棚や仏壇のようなものだと思えばよい。

およそ位牌だの家族の写真だのというものほど、当事者以外の者にとって意味のないものはない。友人の家に行って、家族のアルバムを見せられるほど、苦痛なことはないのと同じ。見たこともない親族にいちいち「へぇ」と感心し、知らない過去の赤ん坊や子どもの姿に、「かわいいわね」と心にもないお世辞を言わなければならないからだ。なにより自分が知らない他人の過去に、関心をもたなければならないということが最大の苦痛である。アルバムは本人たちが記憶をはんすうして、〝一粒で二度おいしい〟経験を味わうためのもの。「見せてぇ」と言われても、うかうか乗ってはならない、とわたしはキモに銘じている。

家族写真はそのひとの記憶が残るかぎり、暖炉の上に飾られる。そしてその記憶が残るあいだは、死者はそのひとのなかで生きつづける。自分がこの世に存在した、ということは、他人が覚えていてくれる。その他人が、ひとり、ふたりと亡くなれば、自分がこの世に存在した痕跡《こんせき》も少しずつはがれおちてゆく。それでいいではないか。

それが銅像や肖像画とのちがいだ。不滅のモニュメントや歴史を超えて名を残したいと思うひとびとの気が知れない。生きているあいだによほど不完全燃焼感があったのだろうか、と同情してしまう。

どんな死に方をするか

自然な死に方というウソ

おひとりさまの老後といえば、ただちに「孤独死」ということばが返ってくる。

第5章でもふれたが、どうも世の中には「正しい死に方」と「正しくない死に方」というものがあるらしく、孤独死は「正しい死に方」には入っていないようだ。

医療社会学者の美馬達哉さんは「自然死」という概念は、社会的規範としての「美しい死」のことで、「自然に任せて放置された死のことではない」という（「生かさないことの現象学――安楽死をめぐって」、鷲田清一・荻野美穂・石川准・市野川容孝編『身体をめぐるレッスン2　資源としての身体』岩波書店、2006年）。この基準からいうと、「自然のままに介入なく放置された死としての『孤独死』は、決して自然死として語られることはない」ということになる。

それでは「社会規範としての自然死」とはどんなものか？　美馬さんが挙げているアラン・ケレヒアによると、①本人が死を自覚していること、②本人も家族も死に備えていること、③経済的および法的な準備がととのっていること、④仕事などの社会的責任が終結していること、⑤周囲のひとたちがさよならと言い終わっていること、という5つもの条件がいるらしい。うーむ。こんなの「自然」と言えるだろうか。この基準をすべてクリアする「自然な死に方」ができるひとは、どのくらいいることだろう。

で、「自然死とは、一人の個人が死ぬという孤独な死とは正反対であり、家族が『死に目にあう』ことのできる社会的な死」のことを指すようだ。それなら「自然死」と言わずに、「社会死」とよべ、と言いたくなる。

死んでゆくのはわたしであって、あなたではない

死の床にある父を介護しているとき、こんな思いにおそわれた。
「かわいそうだけど、死んでゆくのはあなたであって、わたしではない。死にゆくひとの孤独を、わたしはわかってあげられない」
死ぬという経験はだれにも平等に訪れるが、だれとも分かちあうことのできないたったひとりの経験だ。

そうなれば、先にあげた「自然死」の条件は、死にゆくひとのためのものではなく、残される家族のための、文字どおり「社会的な死」のための条件ではないだろうか。つまり、家族に看取られて死んでゆくことだけが「自然な死」とみなされてきたということだろう。

ところで、超高齢社会とは、家族のだれよりも長生きしてしまうかもしれない社会のことだ。いまどき子や孫にとりかこまれて家族のなかで死を迎えるなんて、よほどの条件がそろわないかぎり、だれにでも実現可能な死に方とはいえない。にもかかわらず、こういう死に方が「自然死」であり「正しい死に方」だといわれれば、そうでない大半のひとびとの恐怖心が不必要にあおられるだけではなく、残された

家族のあいだにも要らざる罪責感をあおってしまう。「死に目に会えなかった」「ひとりで死なせてしまった」と。

「看取りたい」は残された者のこだわり

中年おひとりさまの百合子さんは、母ひとり娘ひとり。脳梗塞で倒れた半身不随の母親と、ヘルパーさんに通ってきてもらいながら同居していた。ある週末のこと、急な仕事で休日出勤したその日に、帰宅してみたら母親が亡くなっていた。まだぬくもりの残る遺体にとりすがって彼女は号泣し、仕事を次の日に延ばすこともできたのに、と母をひとりで死なせた自分を責めつづけた。

母にひとりで死なれたのは自分の不運であって、死んでいく母親はその場にだれがいようが頓着《とんちゃく》しないかもしれない。死んでいくのはとことん孤独な行為で、だれにも代わってもらえない。自分が死んだことがないのでわからないが、死の瞬間にだれかがそばにいることは、死にゆくひとにとってそんなに大事なことだろうか。

死に目に会いたいのは、残された家族のほうのこだわり。「死を看取る」行為は、死にゆくひとのためにではなく、生き残るひとのためにあるような気がする。同居していてさえ、寝ているあいだや、外出しているあいだ、目をはなしたあいだになにが起きるかわからなければ、いつお別れしてもよい気持ちで暮らすのが大事だろう。

寝たきりの要介護度5の夫の母を長年にわたって自宅でお世話してきた喜美子さんは、友人と外出もすれば、都心に買い物にも行く。「これだけやってきたのだから、いつなにがあっても思い残すことはありません」と彼女はわりきっている。そこが実の娘と嫁のちがいだ、というひともいるかもしれないが、喜美子さんの場合、実の娘は遠くに嫁いでいてめったに訪ねてこないから、死に目にさえ会えそうにない。どんな死に方をしたいかではなく、どんな死なせ方をしたいかは、生きている者のほうのこだわりだろう。

おひとりさまは、余儀なくであれ選んでであれ、家族から解放されたひとたちだ。なかにはわたしのように〝確信犯〟で家族をつくらなかった者もいる。看取るひとがいなくて当然。病院や施設にいれば、医療や介護のプロが看取ってくれるだろう。そのひとたちに「ありがとう」を言って死んでいけばいい。それまでに親しいひとたちとのお別れはとっくにすませている。

おひとりさまといえば即、孤独死、という等式の呪縛《じゅばく》からどうやって逃れたらよいだろうか。

孤独死は怖いか

先に紹介した吉田太一さんの『遺品整理屋は見た！』によると、彼のレポートする孤独死は、驚いたことに「55歳から65歳にかけての年齢層」に集中している。ご本人が言うとおり、「独居老人の孤独死」とよぶには「まだまだ若すぎる年齢」の、しかもほとんどが男性である。

孤立が孤独死を生む

吉田さんが扱う孤独死には、死後数週間から数カ月たって発見されたケースが多い。死臭がただよい、腐敗もすすみ、ウジ虫も涌く。読んでいるだけで、臭気が鼻を刺すようないやーな気分になるが、吉田さんの人間愛が文章の品格を保っていて救われる。死ぬのはひとりでもできるが、自分の遺体を含めて死んだあとの後片づけは、ひとりではできない。孤独死はさみしいだけでなく、はためいわくなしろものだ、という事実が伝わる。

こういう本を読めば、恐怖心にかられるひとも多いかもしれないが、プロの遺品整理屋さんに頼まなければならないほど異常な死に方をした孤独死の死者は、生きているうちから異常な孤独（孤立といったほうが正確だろうか）のうちにあったことが、読めばわかる。彼がレポートするのは、失業、離職、ひきこもり、ニート、離別、家族の不和のような事情で孤立した生活を送っていたひとたち。しかもだれにも助けを求めずに窮地におちいっていった、主として男性たちだ。

吉田さんは「高齢者の孤独死」を憂えるが、その前に心配しなくてはならないのは、「高齢者の孤立生活」。孤立して生きてきたひとが、孤独死を迎える。生き方と死に方はつながっている。ひとは急に、孤独死だけをするわけではない。

この本のなかには、豪邸で死後半年から1年以上も発見されなかった老女の例が出てくるが、これも親族との長きにわたる断絶がその背後にある。吉田さんがふしぎに思うように、うなるほどおカネがあったのなら、なぜ他人に頼らなかったのだろう？　それに親族と疎遠でも、友人はいなかったのだろうか？　と素朴な問いが浮かぶ。

準備しておひとりさまの老後を迎えるあなたには、こういう「孤独死」は無縁だ。読めば、かえってなぁーんだと安心すると思う。わたしは大丈夫、って。

セキュリティネットは友人

おひとりさまの「孤独死」は、せいぜい死の瞬間に看取る家族がいない、という程度のこと。**そんな覚悟ならとっくについている。**それにおひとりさまの条件は、友人のネットワークをもっていること。逆にいえば、友人のネットワークがなければ、安心しておひとりさまをやっていられない。

それにしても、発見が遅れると遺体が〝モノ〟としてどんなにやっかいな存在になるかは、吉田さんの本を読むとよくわかる。遺体だけではない。自分が死後に遺すものへの配慮は、生きているあいだのおひとりさまの大事な心得だ。

同居家族がいれば死後すぐに発見してもらえるだろうが、独居老人でも近隣の見守りネットワークや、定期的な訪問介護があれば、数日のうちには発見してもらえる。しょっちゅう連絡をとりあっている友人関係があれば、異変に気がついてくれる。

わたしが関係している退職者のネットワークでは、互いに家のカギを預けあうほどの信頼関係ができている。あるとき、そのなかの高齢男性のおひとりさまが、電話を何度かけても出てこないことがあった。心臓に持病のあるその男性がもしや家のなかで発作でも起こしてひっくりかえっているのではなかろうか、とカギを預かったひとがなかに入って確かめた、ということもある。こういう「小さなおせっかい」のネットワークが、おひとりさまの老後のセキュリティネットになる。

孤独死でなにが悪い

それでもやはり「孤独死」につきまとうネガティブなイメージを、なんとか払拭《ふっしょく》できないものだろうか?

ひとりで生きてきたのだから、ひとりで死んでいくのが基本だろう。ひとり暮らしをしてきたひとが、死ぬときにだけ、ふだんは疎遠な親族や縁者に囲まれて死ぬっていうのも不自然じゃないだろうか。

監察医が語る理想の死

遺品整理屋は、遺体を片づけたあとの部屋の始末をするのが仕事だが、その孤独死した遺体をひきとって、検死のために解剖したり所見を書いたりするのが、監察医である。火葬の許可のためには医師の死亡診断書が必要だから、医療のもとにない死はほとんどが検案の対象となる。たいへんな仕事だ。

東京都監察医務院に勤務する小島原将直さんには、**「孤独死」をめぐる心にしみる講演録がある。**東京都監察医務院のホームページ（http://www.fukushihoken.metro.tokyo.jp/kansatsu/kouza/files/13-kojimahara.pdf）に載っているから、だれでも読める。

ちなみに同ホームページによれば、２００５年の東京都23区内の年間検案数は「1万１９７４体、解剖数は２７０２体で、一日平均の検案数は32・８体、解剖数は７・４体」、この検案数は23区内における全死亡者数の約18％にあたり、「つまり、５・６人に１人が監察医の検案を必要とする原因不明の病気や事故などで死亡していることになる」んだそうだ。この割合の高さだと、わたしもお世話になりそうだから、覚悟しておこう。

小島原さんの講演は「人は身内や知人の死をどんなに断腸の思いで経験しても死ぬ人の気持ちは絶対にわかりません。自分が死んでいないからです」ではじまる。いや、まったくそのとおり。

「孤独死」の事例にたくさん接してきた小島原さんは、「独居に至った経緯も極めて個人的な問題であり、それを他人が孤独であろうと推察するのは間違っています」と言う。彼の経験した「孤独死」のほとんどは、孤独とは無関係の短時間の死。

そして、「見捨てられていることと、孤独とは別のことだ」というニーチェのことばを引用して、むしろ、孤独死が自分の理想の死であるとする。講演の最後はこうしめくくられている。

「死はいつ襲ってくるかわからない。そのためあまりにも妥協して、自分自身のない集団の中の人として人生を終わらせないように日頃から孤独を大切にして生きたいものです」

ひとりでいることのつらさと、ひとりでいさせてもらえないつらさとは、どちらがつらいか。ストレスもトラブルも人間関係からくる。ひとりでいることが基本なら、心は平安でいられる。

ひとりで死ぬのはぜんぜんオーライ

小島原さんがたんたんと記載する「孤独死」事例レポートは、「死に方」の事例ではなく、「生き方」の事例だ。**ひとは生きてきたように死ぬからだ。**

そのうえで、彼が高齢者にすすめるアドバイスは次の5点である。

1 生を受けた者は死を待っている人。よって独居者は急変の際早期発見されるよう万策尽くすべし。

2　皆に看取られる死が最上とは限らない。死は所詮ひとりで成し遂げるものである。

3　孤独を恐れるなかれ。たくさんの経験を重ねてきた老人は大なり小なり個性的である。自分のために生きると決意したら世の目は気にするな。

4　巷にあふれる「孤独死」にいわれなき恐怖を感じるなかれ。実際の死は苦しくないし、孤独も感じない。

5　健康法などを頼るな。

（前出ホームページより）

なあーんだ、このくらいならわたしにもできそうだ。**最後の「健康法などを頼るな」も気に入った。**玄米菜食をすすめる友人もいるが、どんなことをしていても、ひとは死ぬときは死ぬ。「人の死は常に偶然の手にゆだねなければならない」というこのひとの死生観には全面的に同感だ。

こんな卓抜な「孤独死」論が監察医務院のホームページにあることをわたしに教えてくれたのは、やはり同世代のおひとりさまの新聞記者だが、ホームページに置いておくだけではもったいないような内容だ。講演録の冒頭にひとこと、「万人に与える講演、何びとにも与えぬ講演」というニーチェのパロディがドイツ語で掲げられているところなど、「わかるひとにはわかる、わからないひとにはなにを言ってもわからない」というニーチェ流の孤高のニヒリズムを感じて、しびれる。

だが、おおかたの日本人は家族が大好き。ほんとうは「社会的な死」である家族のなかの死が、あたかも「自然な死」であるかのように規範化され、「孤独死」を蛇蝎《だかつ》のごとくいみきらう。たくさんの孤独死の事例を経験してきた小島原さんのアドバイスのトップにくるのは、ひとりで死ぬのはぜんぜんオーライ、ただ、あとのひとの始末を考えて早く発見してもらうような手配だけはしておきなさいね、というきわめて現実的なものだ。この程度の心得なら、おひとりさまには苦もないことだろう。

どんなふうに弔われたいか

葬式と弔いは生き残ったひとたちの仕事。死んだわたしには関係ない（笑）。とはいっても、浮き世の義理もあるだろうし、最低限の希望と準備はしておいたほうがよい。

どんな葬式をしたいか

死んだら葬式である。

まず、宗教色を入れるか入れないか。特定の宗教の信者ならそれでもよいが、結婚式と同じく、それまで教会に通ったこともないのに、アーメンもへん。墓参り以外にお寺とご縁がないのに、死んだとたんに戒名をもらうのもなじめない。「葬式仏教」と異名をとるように、坊主まるもうけのお布施をいくら払えばよいかでアタマを悩ませたり、金額で戒名の位が変わるのも気に入らない。どっちみちこちらは死んでいるのだから、残ったひとの気のすむようにすればよいことだが、「おまかせします」と言われたほうも迷惑かもしれない。

最近では人前結婚ならぬ、人前葬が増えてきた。故人の好きだった花で埋めつくすとか、音楽葬とかさまざま。祭壇には神も仏もいらない。故人の写真が一枚あればいいから、生前からお気に入りの写真を用意して、「これを使ってね」と友人に頼んでおくひともいる。結婚式にはプロに写真を撮ってもらったのだから、一世一代の旅立ちの写真もプロに撮ってもらえばよい。賛美歌やお経の代わりに、好きな音楽を流してもらおうと、音源を用意しているひともいる。死に装束をデザインして準備しているひとや、骨壺を自分で焼くひとまでいろいろ。旅立ちの支度だから、どこか遠い国へ旅行に行くように、あれこれ楽しく準備すればよい。

わたしは、バッハの音楽のファンだから、バッハの受難曲で音楽葬をしてもらいたい。マタイ受難曲かヨハネ受難曲かで迷うところだ。考えてみれば受難曲はキリスト教由来だが、このくらいのアバウトさは日本人の特権でゆるしてもらえるだろう。死後50年以上たっているから著作権も関係なさそうだし。

とはいえ、あまりにオリジナルな葬式の指示は、責任を負わされたひとにいやがられる。季節はずれなのに「大好きなカサブランカの花で埋めつくしてください」とか。冬の森にいちご摘みに行くよう命じたまま母のような無理な注文はつけないようにしよう。「故人ののぞみ」とあれば、残されたひとはなにをおいても実現しようと走りまわるかもしれないから。

そして、「ありがとう」のことばとともに、担当してくれたひとの人件費込みで、葬式の費用は用意しておこう。

葬式がイヤなら、密葬にしてもらって、あとは偲ぶ会。これなら生きているひとたちの勝手だから、どんなふうにやってもかまわない。偲ぶ会なら会費でまかなえばよい。

香典は受け取らないか、どこかに寄付するか、きっぱり決めておく。額に応じて半返しなど、その煩瑣《はんさ》なことは金沢などという古い地方都市に住んでいたわたしにはよくわかる。残されたひとたちに負担がかかるだけ。

遺体・遺骨はどうするか

生前に「同意書」を書いていれば、解剖用の献体もできる。献体は臓器が100%そろった完全体が望ましいそうだが、手術を受けて一部の臓器をなくしたわたしのカラダでも解剖のお役に立ててもらえそうだ。

突然死なら、臓器移植用の臓器提供もできる。もっとも超高齢のおひとりさまならあまり役に立つとも思えないが。痛いのかゆいのといっても生きているあいだの話。役に立つものならなんでもとことんお役に立てようという、チベットの自然葬（遺体は、鳥に、魚に、犬に、くれてやる）の思想がわたしは好きだが、いまどきの日本ではそんなことはとてもできそうもない。

日本では火葬が主だから、遺体は焼かれて骨になる。日本軍の死者は骨壺にからからと音を立てて遺族のもとへ帰ってきた。だれの骨かさえわからず、からっぽの骨壺も多かった。火葬文化圏では、外国で客死した場合でも、現地で火葬して骨だけを持ち帰ればよいが、土葬文化圏では、遺体を見るまで家族は死を受けいれない。アメリカ軍の死者はドライアイスを詰めたボディバッグに入れて故郷まで飛行機で運ばれる。たいへんなコストだが、そうしないと遺族が納得しないのだろう。旧海軍では、死者は海に流して水葬に付したという。これなどかえってすっきりする。日本では遺骨は死者のアイコン。ボディとちがって持ち運びも分散も容易だから、分骨もできる。処分に困ってもてあますこともあれば、これをめぐって遺族のあいだでとりあいになることもある。

友人の美智子さんは、母親の形見のイタリア製のロケットに母の遺骨のかけらを入れて持ち歩いている。それが母を悼む彼女の弔いの流儀だ。

和美さん（60代）は14年パートナーとして暮らしをともにした老犬の遺骨を、死んで3年たった現在もお墓に持って行けないでいる。写真といっしょにリビングに置いたまま。喪失の哀しみはまだ癒やされていないし、次の犬を飼う気力もない。清潔でかさばらないお骨だからこそできることともいえる。

大阪には、無縁仏のお骨を集成してつくった骨仏さんを祀ったお寺がある。子どものいない夫婦で、将来お墓を守ってもらえそうもないひとたちから、問い合わせがあるという。納骨は1万5000円から、永代供養料は10万円以上（〝以上〟の部分はお気持ちで、ということらしい）。安いものだ。

お墓はどうするか

さて、お墓である。

エンディングセンターの井上治代さんは、お墓で博士論文を書いた文字どおりのお墓博士（『墓と家族の変容』岩波書店、2003年）。いまでは大学の先生だが、もとはノンフィクションライターとして、「夫といっしょのお墓に入りたくない」という妻のつぶやきから取材がはじまった。

DV（ドメスティックバイオレンス：家庭内暴力）を受けた夫と同じ墓に入りたくないとか、再婚で前の妻が入っているお墓に身のおきどころがないとか、姑にさんざんいじめられたから夫の家の「先祖代々の墓」には死んでも入りたくないとか、事情はそれぞれ。これを**「死後離婚」**とよぶが、夫のほうは生きているあいだに妻がこんなことを考えているなんて、夢にも思っていないだろう。

お墓にも流行がある

関西でお墓の研究者になったのが、阪神・淡路大震災でボランティアコーディネーターとして大活躍した特定非営利活動法人「宝塚NPOセンター」の故・森綾子さん。大阪の骨仏さんのことも、彼女に教えてもらった。

森さんの研究によると、「先祖代々の墓」の歴史は古くない。せいぜい幕末からブームになったとか。それ以前は、卒塔婆《そとば》を立てただけの個人墓か、村の共同墓。それどころか埋め墓、詣り墓とふたつに分かれていて、お参りするところには遺体はない、なんていう習俗もあった。

そもそも庶民のあいだに「家」の観念がひろがったことじたいが古くない。都市化のおかげで大都市に墓地ブームが起きたのも、都会に出てきた次三男坊が自分の「家」を創設したと思えばこそ。昔は一生結婚しない「部屋住み」の次三男は、長兄の「家」の墓に入るものと決まっていた。60年代に公営の墓地パークが郊外に次々とでき、この調子だと住宅不足のあとに墓地不足が起きる、と心配されたが、それもつかのま。あっというまに少子化がすすんで、ひとりっ子同士の結婚だと「家」の統廃合を考えなければならなくなった。そのうちお墓の統廃合も考えなければならなくなる。「先祖代々の墓」の寿命は意外に短かったというべきか。

お墓には流行がある。最近のロシア圏ではやりなのは、故人の写真を石にレーザーで彫りこんだりっぱな個人墓。御影石の堂々たる墓石は、いかにも高そうだ。市場化で格差オーライとなり、故人の業績を顕彰したいと考えるひとたちが増えたのだろうか。はじめて見たときには、墓地に実物大の顔がいくつも並んでいてびっくりした。もとが写真だから超リアルで、かえってキモチが悪い。こういう流行はひろがらないでほしいもの。

おひとりさまがつくった共同墓

個人の墓がどんどん増えるのは困りものだと思うなら、共同墓がある。独婦連こと独身婦人連盟の谷嘉代子さんたちは、「女の碑」を嵯峨野の常寂光寺の境内に建てた。独婦連とは、戦争で婚期を逸したことで一生独身を通した女性たちが互助のためにつくった組織。

なにしろ戦争で兵士にとられた男たちが300万人も死んでしまったのだもの、結婚相手になるはずの男が払底《ふってい》した歴史的な〝負け犬〟世代。いまとちがって、ひとり者の女性には、暮らしも差別もきつかっただろう。子どものいない彼女たちには、お墓を守ってくれる子孫もいない。ならば仲間たちと共同墓をつくろうと思い立った。その趣旨に常寂光寺の住職さんが共鳴して、敷地を提供してくださった。いまではもう新たな納骨は受けつけていないが、共同墓の試みとしては歴史的に貴重な例である。

共同墓といえば、企業墓もある。「カイシャ命」で生きてきたわけではないおひとりさまの女たちにとっては、死んでからも会社といっしょ、という気分は理解を超えるが。

葬儀のメニューもいろいろ

このところ自然葬や散骨がブームになっている。井上治代さんが代表をつとめるエンディングセンターでは、桜の木の下に眠ろうという樹木葬のほか、お葬式やお墓のメニューがいろいろある。散骨は「自然に還る」ということで人気があるが、遺骨を勝手にばらまいていいの？　と疑問に思うひともいるだろう。実は、散骨についての法律的な規制はない。法律（墓埋法）はそもそも散骨を想定してつくられていないからだ。これはお骨をまく場所が、海でも山でも自宅の庭でも同じ。法務省や厚労省も「節度をもって葬送のひとつとして行うかぎり問題はない」といっている。ただし、散布するときはお骨とわからないように粉末化するなど、他人に迷惑をかけないための配慮は必要だし、なかには条例で規制している自治体もあるから注意したほうがよい。

旧友の松井真知子さんは、『アメリカで乳がんと生きる』（朝日新聞社、2000年）の著者。社会学者としてのノウハウとエネルギーのすべてを傾けた、この感動的な闘病の記録を出版したあと、北欧へホスピスケアの取材に出かけ、その旅先で亡くなった。すでにがんの末期にあった彼女に、旅行を思いとどまるよう忠告したひともいたが、「どこで死んでも同じ」と最後まで自分のやりたいことを通した。それが可能だったのも、長年、彼女を支えた13歳年下のパートナーがいたからこそ。

彼女がノルウェーで客死したあと、彼は日本から親族を呼びよせて、現地で火葬に付し、遺骨をテキサスの自宅へ持ち帰った。哀しみにくれるいとまもなく、見知らぬ土地でこれだけの手配をするのは、どんなにたいへんだっただろう。

松井さんは、「遺骨を大好きだった沖縄の海に散骨してほしい」と遺言した。彼がアメリカから来日し、遺族や友人たちとともに、船をチャーターして青い珊瑚の海に出た。この沖縄旅行は、残されたひとたちにとって思いがけない「偲ぶ旅」になった。

愛犬とともに「犬文字山」に眠りたい

わたしの友人に無類のチベット好きがいる。順番からいうとこのひとのほうがわたしより早く亡くなりそうだが、このひとがもし「チベットに散骨してほしい」と希望したらどうしようかと思っている。西安まで北京で乗り換えて飛行機でまる一日。それからラサまでまた一日。青蔵鉄道が開通したが、それに乗ってもはるかに遠い。故人の思いはかなえてあげたいが、そのころにはすでに高齢になっているだろうわたしが、4000m近くの高所に耐えて、それを実現できるかどうか。

それにくらべると、わたしの散骨の希望はとてもささやかなものだ。京都暮らしのあいだに毎年8月16日の五山の送り火を楽しみにしてきた。当時のわたしの自宅はマンション最上階のペントハウス。大文字山を真正面にした屋上に、友人たちがつどってビアガーデンを開くのが、恒例のイベントだった。

わたしの通っていた京都大学の学生のあいだには昔から言い伝えがあって、それは**大文字焼きの日に、「大」の文字がちょうど「犬」になる位置に薪《たきぎ》を持って立ち、**京洛の見物衆が見ているなかで「大」文字を「犬」文字に変えるヤツがいたらお手柄、というもの。実際には、消防団総出の厳戒態勢のもとで、そんなに目につく仕掛けはだれにも実行できっこない。

だが、わたしにはひそかな希望がある。わたしの遺骨は、大文字が犬文字になるちょうどその「てん」のところに散骨してほしい、というものだ。実は愛してやまなかった小鳥と犬が、すでにその位置に埋めてある（場所はないしょ）。同じ場所にわたしも眠りたい。そうすれば、毎年送り火のときに、みんなが「犬」文字を見上げてくれる……このくらいののぞみなら、かなえてもらえそうな気もするのだけれど。こんなふうに公言していると、そのうち条例で規制がかかりそうだから、公表しないほうがよかっただろうか。

おひとりさまの死に方5カ条

結論からいえば、死んだあとのことまでかまっていられない、というのが死んでいくひとのホンネ。家族のいるひとには、これまで積み重ねられた慣習や儀礼というものがあって、それにしたがっていればよいが、おひとりさまはその慣習に頼れないから、やり方を考えておかなければならない。それもあとに残されてそれを実行するひとのできるだけ負担にならないやり方で。

そのうち、おひとりさま葬式メニューやお墓メニューもおおいに増えるだろうが、それまでは試行錯誤を続けるほかない。死ぬ直前まで、そして死んだあとも、新しいことに挑戦しつづける人生は、おひとりさまらしくていいかもしれない。

これまでみてきたことからわかったおひとりさまの「死に方」をまとめれば、次の5カ条が浮かぶ。

その1　死んだら時間をおかずに発見されるように、密でマメなコンタクトをとる人間関係をつくっておくこと。

その2　遺したら残されたひとが困るようなものは早めに処分しておくこと。

その3　遺体・遺骨の処理については、残されたひとが困らない程度に、希望を伝えておくこと。

その4　葬式とお墓についても、残されたひとが困らない程度に、自分の希望を伝えておくこと。「おまかせします」といわれても困るが、逆にあまりにオリジナルだったりふつうでなかったりして、それを実行するひとが困惑するような希望は遺さないこと。あくまで他人がやってくれることと知るべし。

その5　以上の始末が最後までとり行える程度の費用は、謝礼とともに用意しておくこと。ひとが動く費用はタダとは考えないこと。

こうやって並べてみると、たいしたことではない。

これまで生きてきたおひとりさまなら、だれでもこなせそうなことがらばかり。

これで安心して死ねるかしら。

あとがき

処女作以来ひさびさの書き下ろしの単著を書いた。

それというのも法研の辣腕編集者、弘由美子さんのせいである。気が早くてノリがよく、いっしょに遊んでいるうちにいつのまにか仕事にひきこまれ、気がついたら鬼の原稿取り立て屋と化していた（笑）。あどらいぶ企画室の武井真弓さんにも緻密な仕事ぶりでずいぶん助けていただいた。

この3人は、そろいもそろって50代の〝負け犬〟トリオ。この3人でトロイカ体制が組めたのは、この本のテーマが他人事でなかったからだ。親の介護は卒業しつつあるが、自分の老いは目の前。親を介護しながら「おかあさん、わたしがいてよかったわね」と言うウラで、「わたしのときにはどうなるんだろう？」と不安にかられた経験をもっている。

おもえばシングル女性は、これまでどれほど「歳とったらどうするの？」という脅かしにさらされてきたことだろう。そのうえ、世の中には老後の不安をあおるメッセージがあふれている。子どもがいてさえ頼りになるかどうかわからないのに、まして「子どもに頼る老後」がはなからないあなたはどうするの？　と。

結婚しないと不幸せ、といわれてきた。

でも結婚しなくてもそれなりにハッピーだった。離婚したら人生は終わり、かと思ったが、してみたらぜんぜんOKだった。親にならなければ半人前、といわれたが、成熟へ至る道は、親になることばかりではないことも知った。シングルであることは、ちっとも「カワイソー」でも「不幸」でもない。

長生きすればするほど、シングルが増えてくる。超高齢社会で長生きしたひとは「みーんなシングル」の時代、がすぐそこまで来ている。ひとりで暮らす老後を怖がるかわりに、ひとりが基本、の暮らしに向きあおう。不安がなくなれば、なあーんだシングルの老後って、こんなに楽しめるのだから……そう思って、わたし（たち）自身のためにこの『おひとりさまの老後』を書いた。

その背中を押してくれたのは、すでにシングルの老後を生きている先輩の女のひとたちである。彼女たちが暮らしの智恵を蓄積しておいてくれたおかげで、わたしたちは不安をもたずに老後を迎えることができる。これまでだって、そうやって生きてきたのだから。香山リカちゃん、酒井順子さん、もう「老後は怖く」ないからね！

不安とは、おそれの対象がなにか、よくわからないときに起きる感情だ。ひとつひとつ不安の原因をとりのぞいていけば、あれもこれも、自分で解決できることがらだとわかる。もしできなければ、最後の女の武器がある。「お願い、助けて」と言えばよい。

なに、男はどうすればいいか、ですって？

そんなこと、知ったこっちゃない。

せいぜい女に愛されるよう、かわいげのある男になることね。

緑滴る初夏の午後に

文庫版あとがき

『おひとりさまの老後』を刊行して4年、そのあいだに28刷75万部を数えた。著者にとっても編集者にとっても想定外の売れ行きである。読者の多くは女性。女性は本を買うより借りて読む傾向があるので、各地の図書館では貸し出し待ち、100人以上、などという情報を耳にした。1冊平均3人以上には読まれている感触があるから、200万人規模の読者に届いたと思う。わたしの著作歴のなかで、これまでもっとも売れたのは、略称「スカ下」こと『スカートの下の劇場』(河出書房新社、1989年／河出文庫、1992年)、計48万部である。下ネタ本が売れるのは定石だから、売れてもまさか「スカ下」以上には行くまい、と思っていた。その予想を超えて、あれよあれよと売れ行きを伸ばした。テレビ、ラジオ、ブログ、新聞、雑誌にとりあげられ、「おひとりさま」は社会現象となった。

この本は、ほんとはこわい本である。

辻元清美さんがわたしとの対談本のなかでこう書いている。

「(本書には)なんでも家族単位で発想する日本社会を個人単位に変える『起爆剤』

も随所に埋めこまれていた。これは、現状維持で逃げ切ろうとしている人たちにとってはやっかいで『危険な本』ではないか、と直感した」(上野千鶴子・辻元清美『世代間連帯』岩波新書、2009年)

そのとおり、本書にはところどころ「地雷」を埋めこんである。たとえば、「一緒に住まない?」という子どもからの申し出を、「悪魔のささやき」と呼ぶとか。要介護の親との同居がいやなら、親に家を出て施設にはいってもらうより、より柔軟で適応力の高い若い世代のほうが、家を出て行けばよい、とか。

三世代同居は日本の「伝統」であり、「子が親を看る」のは、日本の「美風」だと考えられてきた。本書には、そういう日本の家族主義者の神経を逆なでする発言が随所にあって、彼らの怒りを招くだろう、と予想した。が、結果はあっけなかった。もともとわたしのような非婚シングル向けに書いたこの本は、結婚していない女性にも、結婚している女性にも、そして同じような立場の男性にも、好意と共感を持って迎えられた。

刊行後、多くのメディアから取材を受けたが、そのなかの某大新聞からの取材がおもしろかった。年上の上司から、「読者から反発がなかったか」を聞いてこい、と指令を受けた若い記者が、そこまで手の内を明かしてためらいがちに聞いた質問ことのない反発どんとほ、ろことのなう実、がたっだ問質な悪地意いよてっいと一唯がづくつと……あなたっわ変が中の世てしそ。たいてれらとにけっあが身自したわにいけ受てしとトルォフデを」まさりとひお「は中の世。たっだのたえ覚を慨感くくっとはは実現の会社、ばえらもてせわ言てしと者学会社。たいてし化変にどほるれてし化変もうほの識認の中の世はに度程るめ認を化変のそ、がだのたいてっわ変にうろだたっ買をくゅしんひとっもらたいてし出に前年10を書本。いよてっ言とたいうろだとこるいてし化腐陳らたし出に後年10、し下岩たし目注にトッケーマ」まさりとひお「らかく早、は語用の」まさりとひお「ンウカ、まさりとひお「はでは業客接、らか前以れそ。だのもたし唱提がんさ子美久柄手のんさ下岩はのたし目着にれそ。たいてれわ使にうふういと」内案ご席ータ。たいてれら限に」まさりとひお「く働、の層齢年るあの力買購、は象対のそ、がだじみ「でまれこ、は書本たし張拡に性女身単齢高と』後老のまさりとひお『をれそどう子。たえ変とりらがが度081、をジーメイの性女身単齢高たっだ詞名代の」さめ後老、らさとこといならえらもてし居同もていがもど子、らさおなばれけないがもの憫《びん》憐《れん》と情同、らすで」まさりとひお「のちうな気元で康健。るのつはさめじみのな家に界三女「。るあで外論は」まさりとひお「たい老やてしま、にのるなに象対し」と言われてきた女性は、若いときは夫がいなければ、老いては子どもに頼ることができなければ、みじめの一語に尽きた。本書の功績が将来歴史的に評価されることがあれば、「おひとりさま」の用語が、高齢単身女性のイメージを否定的なものから肯定的なものに変えた、と言ってよいかもしれない。事実、「おひとりさま」の女性が、「わたしはおひとりさまです」と胸をはって口に出すことができるようになった。こんな反応もあった。読者のおひとりに、「おひとりさまですか?」とたずねたところ、その女性はこう答えたのだ。

「いいえ。残念ながら、まだおふたりさまです。1日も早く、おひとりさまになりたいとおもっています」

本書はこれまでのわたしの著書とはまったくちがう種類の読者を獲得した。わたしが何者であるか、これまでどんな本を書いてきたかを知らない読者たちである。わたしはこれまでフェミニズム業界の「その筋の有名人」であったが、しょせんローカルな有名人。筋が違えば無名の人、である。その講演会にフェミニズムと無縁だっただろう善男善女があふれ、1000人の会場がまたたくうちに埋まった。この変化を見て、もとの業界の人たちからは、「ウエノさん、フェミニズムを離れて介護業界に行っちゃったのね」と評するひともいたが、なんの、本書は「フェミニズム」とは名のらないが最強のフェミ本である。「フェミニズム」や「ジェンダー」という用語を、ひとことも使わなくてもフェミ本は書ける。本書の要諦は「男要らず」のメッセージだから、である。

こういう例もあった。夫を亡くしたばかりの高齢の女性が、書店で偶然平積みになった本書を手に取り、読んでみて「これはわたしのために書かれた本だ」と励まされたと。そう、本書は多くの女性に、「おひとりさまでもだいじょうぶ」という強力なメッセージを送った。

だが、男性を敵視しているわけではない。世の中のパートナーである男性が不幸になってもらったら、残りの半分の女性も幸福にはなれない。まして妻に先立たれたあとの男性が生きていけなかったり、「このひとを残して死ねない」と妻が思ったりするのは、困る。「わたしが先立ってもこのひとはだいじょうぶ」と妻が思えるようになってほしい、と思って男性版を書いた。それが『男おひとりさま道』（法研、２００９年）である。『おひとりさまの老後』は女性向けだったが、男性読者からも「本書は女性だけでなく男性にとっても役に立つ本だとおもいます」という反応を得ていたからである。男性版を書いて、これもまた「男でもないオマエに何がわかるか」と反発が来るのを予想したが、これもあっけなかった。「身につまされました」という男性からの反応が多く、積年の男性観察がムダではなかったことが証明された。フェミニズムのもうひとつの要諦は、男女を問わない個人の自立。男にも自立してもらわなければ女の幸福はない。だから次作もまた、男性向けのフェミ本であった。

反発は予想したところにはなく、予想しなかったところから来た。アラフォーから下、ロスジェネ世代の評者たち、とくに女性からは、「この老後のシナリオは、団塊世代にはあてはまっても、私たちには関係ない」という反発があった。その世代の代表的な発言を、同じく辻元さんの発言から引用しよう。

「しかし個人の暮らしから見た場合、読むほどに『私たちはもっとしんどいわ』という違和感がわいてきた。とくに私より下の世代は一挙に就職難になり、年金不信感が急増している。その背景には、上野さんたち団塊世代への反発もある」（『世代間連帯』）

たしかに。そう思って辻元さんと共著で書いた本が『世代間連帯』である。

それぞれの世代にはそれぞれが解かなければならない問いがある。だれもが結婚することがあたりまえだった全員結婚社会のそれまでの世代と、「負け犬」と派遣、フリーターがここまで拡大した世代とでは、老後の戦略がちがう。いや、それ以前に生存戦略そのものがちがう。介護保険があるのとないのとでも、大きくちがう。

どんなメッセージにも、それが宛てられた正統なあて先である読者と、そうではないのに洩れ聞いてしまった非正統的な読者がいる。わたしの本は、団塊の世代以上の高齢者のために書いた、いわば自助努力のための本だが、それを子ども世代の読者が読んで、「わたしの問いの答にならない」と言う。あたりまえだとおもう。わたしたちの親の世代の老後は、わたしたちの老後の答にならない。そもそも、もっと早く死んでしまっていたからこんなに長い老後は経験していないし、それに備えてもいない。それに年金制度も介護保険も整備されていなかったから、家族以外に頼るものがなかった。わたしたちは歴史上未曾有の超高齢社会に生きている。前の世代のシナリオを学習したくても、それがない時代を生きているのだ。

自分の問いには、自分で答を出す。自立の基本のきはこれだと思う。それなら女性版・男性版2冊の「おひとりさま」本は、やっぱりフェミ本だと言ってよい。この基本は、家族がいようといまいと、ひとり暮らしだろうと同居人がいようと、強者だろうと弱者だろうと、変わらない。自分の問いに自分で答を出すことを禁じられてきたのが、女や障害者、高齢者、患者のような社会的弱者だった。社会的弱者が弱者のまま、強者にならなくても「自分の答」を尊重されること、それを「当事者主権」とわたしは呼んだ（中西正司・上野千鶴子『当事者主権』岩波新書、２００３年）。そうやって答を出してきたひとたちの実例を本書では示した。その背中を見て、ノウハウではなく、姿勢を学んでもらいたいと思う。だから本書は、たんなるおひとりさまの老後のためのマニュアルでも情報提供の本でもないのだ。

本書と並行してすすめてきた介護現場の調査研究の成果が、10年の蓄積を経て、この夏に刊行された。『ケアの社会学――当事者主権の福祉社会へ』（太田出版、２０１1年）である。一般向けのエッセイは読まれるが、専門書は読まれない傾向がある。本書はこの長期にわたる調査研究の過程での、いわば副産物のようなものであった。本書の読者で、この領域により深い関心のあるひと、本書がどのような研究を背景として生まれたかに関心を持つひとに、読んでいただければさいわいである。

二〇一一年十月

上野千鶴子

解説

角田光代

「おひとりさま」という言葉はかつて、女性とは相容れないものであった。

私が二十歳前後だったのは四半世紀ほど前になるが、そのころ、旅館に女ひとりで泊まるというのは奇異な行為だと、一般的には受け取られていた。十八、十九歳のとき、ひとり旅の先で、一泊したいという私を旅館の人たちは不安げに受け入れ、外出しようとするとどこにいくのかとさりげなく訊いた。夕食のあとは仲居さんや女将さんが入れ替わり立ち替わり、用事を作って部屋を訪れた。

ひとり旅慣れしていなかったので、そういうものなのだろうと思っていたが、のちに友人から「若い娘がひとりで旅して、自殺なんかされたらたまらないと思われたのよ」と言われて納得したことがある。女のひとり旅イコール自殺。たった二十数年前のことだが、すごいことだな。

女性のひとり客を受け入れる側だけではない、私たち女性そのものも、ひとりであることを忌み嫌うようなところがあった。私はひとり旅はできたが、日常生活において、飲食店にひとりで入ることはできなかった。間が持たない、つまらない、という理由からだが、「ひとり＝友だちがいない、恋人がいない＝さみしい、と思われそうでいやだ」という理由も、口にはしないが、あった。

世代的なことが関係があるのかわからないけれど、そもそも私たち女性は、幼少のころから「ひとり」に慣れていないようなところがある。もちろんひとりで行動できる女子だってたくさんいるけれど、もっと多くの女子たちは、トイレにいくのにも、教室を移動するのにも、数人をともなった。弁当の時間にひとりでも平気という女子は、ほとんど変わりものの域と見なされた。ひとり、というのはネガティブなものだと、どういうわけだか思いこまされて育っている。

その呪縛から徐々にだが解き放たれるのは私の場合、二十代の半ば、海外をひとり旅するようになってからだ。そのころ旅先で会う外国人旅行者は、ひとり旅だと言うと、その多くが「えっ、日本人ていうのはグループで旅行する人たちじゃん。本当に日本人？」と真顔で訊いた。

私がひとりで行動するのに慣れ、「ひとり」の持つネガティブ感を払拭していくのと、社会において女性が権利を獲得していく時代の過程と、きっと比例しているのだと思う。私が大学生になった（はじめて国内ひとり旅をした年でもある）一九八五年、男女雇用機会均等法が制定され、それから二十六年たって、果たしてどのように現状が変わり、今なお残る問題点はなんであるのか、私は詳しくないのだが、それでも女性にとって格段に世のなかは変わったという実感はある（変わっていないと実感することもあるが）。

第一、国内の旅館をひとりで訪ねて自殺の心配をされることなど、もうない。フランス料理屋だろうと大衆居酒屋だろうと、女性がひとりでいっても特異な目では見られない。男あさりをしているのだと勘違いされ、バーで声をかけられることもない。

そうして私がとても大きな変化だと思うのは、結婚こそが女性の幸福である、という暗黙の了解が、大きく崩れ去ったことである。かくいう私こそ、その変化のただなかにいた。「みんなが結婚していって、何がなんでも結婚したかった」から結婚して子を産んだ私の母は、私が二十代の半ばになると「結婚をしなさい、子どもを産みなさい」と言い続けた。どうしてそう勧めるのかと訊くと、「それが女のしあわせだから」と答えた。それならあなたはしあわせだったのかと訊くと、なぜか口ごもるのに。

私はその反動で結婚したくないとずっと思っていた。女のしあわせが結婚だけではないと、自分自身がその生きかたをもって証明しようぞ、と息巻いていた。

私とまったくおなじ理由ではないだろうけれど、しかし結婚したいと思わない、実際にしない女性が私の同世代あたりから俄然多くなり、それはおかしなことでも不幸なことでもなくなった。はたまた、結婚したくないと言っているからといって、フェミニストだと思われることもない。ごくごくふつうの人、になった。反対に、「結婚しないと女性として不幸」などと言っている同世代の女性がいたら、その人こそ奇妙な人、気の毒な人と判断されただろう。ちなみに、大ベストセラー『負け犬の遠吠え』の著者、酒井順子さんと私は同学年だ。

しかしながら、結婚したくないと公言し、しない女性たちが、それでなんの不安もなく暮らしているかといえば、そんなこともなかったように私は思う。自分で稼いだお金を自分のために使い、旅行をし、エステにいき、ひとりで居酒屋だろうが鮨屋だろうが入って食事をし、そうしながら、これでいいのかとかすかに思っていたはずだ。これでいいのか、本当にいいのか。そしてたぶん、明確に言語化せずともいちばん不安だったのは、将来、どうなるんだろうということ。

そういう不安があるのは、サンプルがあまりにも少ないせいだと私は勝手に分析していた。私たちの世代は専業主婦の、あるいは働く母親のサンプルなら、身近なところでたくさん見てきた。それこそ私たちの母世代は「結婚しないのは恥」と本気で思っていた人たちだ。彼女たちだって、母親サンプル（つまり私の祖母世代）はたくさん見てきたはずだ。結婚し、子を産んだ「ふつうの」女が、子を無事育て上げ、配偶者と二人暮らしに戻り、はたまた死別し、その後、どのように老いていくのか、彼女たちはよく知っていたし、私たちもまた、よく知っている。

しかし私たちはそのようには知らないのである。自分のように結婚しないと言い放ち、好きなことにお金を使い、未来のことなど考えずにああたのしい、ひとりってたのしいと生きた後に、どのように加齢し、どのように老い、どのように病と向き合い、どのようにお金のやりくりをするのか。もし年金がもらえなくなったら。もし認知症になったら。もし寝たきりになったら。そして、死んだら。いったいどうすればいいのだ？　介護をしたり看取ったり葬式を仕切ったりする、夫も子どもも孫もいないのに。

結婚していなかったり、子どもがいなかったりする私の女友だちは、加齢まではなんとか想像できるが、その先となるとあまりにこわくて具体的に考えられず、よく、冗談交じりに話していたものだった。おばあさんになってもひとりだったり、夫と別れたりしていたら、みんなでいっしょに暮らそうよ。熱海や伊豆に大きなシエアハウスを建ててさ……。おたがい干渉しない、でもときどき集まって食事はしよう、恋人は連れこんでもいいことにする？　結局、話はどんどん「老い」や「病」から逃れて、今の自分にとっての、理想的な方向に向かってしまう。

そんなときに私たちは本書に出合うのだ。おお、私たちがつい目を逸らしてきた、具体的な老後マニュアルがあらわれた！　誇張ではない。この本に救われた女性たちは、世代問わずどのくらいいるだろう。

上野千鶴子さんは専門用語、学術用語、統計による数字を軽快に用いながら、また実例を挙げながら、未婚、配偶者と離別、死別後の女性がどれほど理想的な老後を迎えることができるか、ユーモアを交えわかりやすく教えてくれる。土地への呪縛を解き、シニア向け集合住宅の実例を挙げ、それにかかる費用と収入のサンプルを出し、ひとりと孤独の違いを指摘し、新しい講型年金を提案し、ケアのされ方指南を具体的に指し示してくれる。

かつてひとりで生きるのだと息巻いていたくせに、知らないことが多くてびっくりした。そうして思ったのである、ひとりで生きる、というのは、主義主張だけでかっこよく乗り切れることではないのだな、と。三十代の私の「ひとりで生きる」

は主義主張だった。でもそれを通すには、その主義主張を強化することでも、それと異なる主義主張の持ち主への攻撃をバージョンアップすることでもなかった。どのようにすればそれが可能か、かつ、自分にとって快適なものになるか、具体的に調べ、知ることだった。あのころの私は、結婚こそ女のしあわせと迫る母をいかに黙らせるか、子ども産むべきよと平気で言う同世代の女友だちをいかに論破するか、躍起になっていたけれど、価値観の違う人とそれをすりあわせようとする必要などなかったのだ。私の人生はだれと比較されるものでもない、私のものなのだから。本書はそんなことにも、気づかせてくれた。

しかしながら本書を読んであらためて実感したのが、資産運用の重要性でも遺言を作っておくことでもなく、友だちというもののだいじさである。ほぼ、どの章にも友だちの存在の必要性が説かれている。孤独をいやすための、さみしさを分かち合うための友だちではない。メンテナンスされてもなお残る、たがいの老いを支え合うことのできる同志としての、生を謳歌できる協力者としての、他者である。これは言い方を(あえて悪く)変えれば、互いの老いの面倒を押しつけ合うために友人たちを淘汰していく、ということでもある。二十代のときであれば、私はその割り切った考えを認めなかっただろう。けれど、四十代になり、かつての宣言とは裏腹に結婚もしているが、でもその結婚が永続的なものではないと知っている今、私はその考えに共感する。かつて「おばあさんになってひとりだったらいっしょに暮らそう」と言い合った女友だちと、それが実現しそうな年齢になっても言い合えるように、メンテナンスをし続けていくべきだと思うのである。さすれば、かつておしゃべりのなかにしかなかった理想の方向に、現実として進めるかもしれないではないか。

先に、この四半世紀で、女性にとって世のなかは格段に変わったと書いた。変えたのは法律でも男性がたでも社会でもなくて、上野千鶴子さんのような方々だと私は昔から思っている。理論家あるいは社会学者、ときには女性作家、無数の働く女性たち、この人たちが闘いながら作った道を、下の世代の私たちは鼻歌をうたいながら歩き、結婚したくないと大声で言えるに至ったのである。いや、だいじなのはそこではない、結婚したい、も、したくない、も、どちらでもいい、も、思うままに選べ、選んだことを声高に言うことができるようになったのである。

そうして今また、上野先輩はサンプルがないと嘆く私たちに、生きていく知恵を授けてくれるのである。生きていく知恵、それはまさに母にも祖母にもできない厳しい励ましである。だいじょうぶ、安心しなさい、安心して好きなように、選びたいように生きていきなさい。

　単行本の奥付を見て驚いた。そしてすぐ納得した。平成十九年に刊行されたこの本は、一年もたたずに二十八刷りされている。それだけ多くの人が、この厳しい励ましを待っていたのだ。これからも、著者のこの声は長きにわたってさらに多くの女性を励まし続けることだろう。

（作家）

単行本『おひとりさまの老後』（平成十九年七月　法研刊）

文春文庫

おひとりさまの老後《ろうご》

定価はカバーに
表示してあります

2011年12月10日　第1刷
2021年9月25日　第27刷

著　者　上野千鶴子《うえのちづこ》
発行者　花田朋子
発行所　株式会社　文藝春秋

東京都千代田区紀尾井町 3-23　〒102-8008
TEL 03・3265・1211㈹
文藝春秋ホームページ　http://www.bunshun.co.jp

落丁、乱丁本は、お手数ですが小社製作部宛お送り下さい。送料小社負担でお取替致します。

印刷・凸版印刷　製本・加藤製本
Printed in Japan
ISBN978-4-16-780162-5